沙特阿美EPC项目管理实务

杨志远◎著

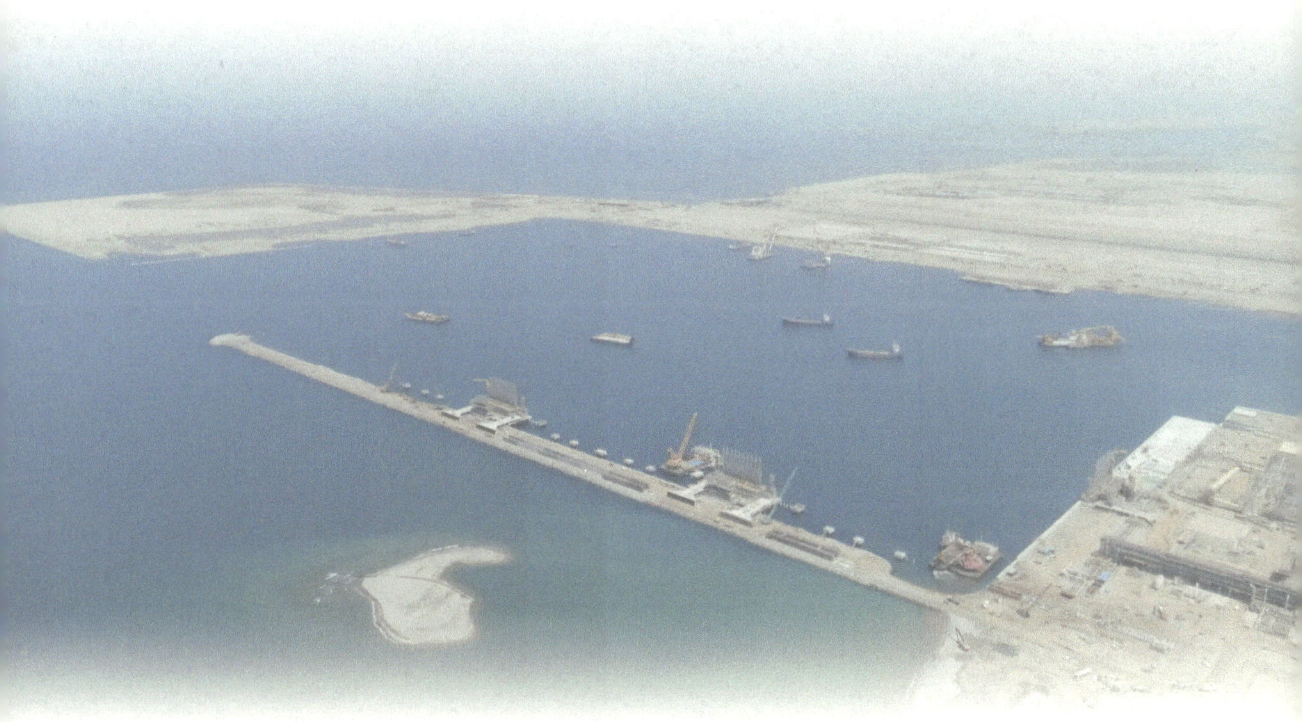

河海大学出版社
HOHAI UNIVERSITY PRESS
·南京·

图书在版编目(CIP)数据

沙特阿美 EPC 项目管理实务 / 杨志远著. -- 南京 : 河海大学出版社, 2024. 6. -- ISBN 978-7-5630-9238-3

Ⅰ. F438.462

中国国家版本馆 CIP 数据核字第 2024ZX2147 号

书　　名	沙特阿美 EPC 项目管理实务 SHATE AMEI EPC XIANGMU GUANLI SHIWU
书　　号	ISBN 978-7-5630-9238-3
责任编辑	高晓珍　陈丽茹
特约校对	曹　丽
封面设计	徐娟娟
出版发行	河海大学出版社
地　　址	南京市西康路 1 号(邮编:210098)
网　　址	http://www.hhup.com
电　　话	(025)83737852(总编室)　(025)83722833(营销部)
经　　销	江苏省新华发行集团有限公司
排　　版	南京布克文化发展有限公司
印　　刷	广东虎彩云印刷有限公司
开　　本	787 毫米×1092 毫米　1/16
印　　张	9
插　　页	1
字　　数	151 千字
版　　次	2024 年 6 月第 1 版
印　　次	2024 年 6 月第 1 次印刷
定　　价	86.00 元

前言

中国港湾工程有限责任公司(以下简称“中国港湾”)从 1980 年开始进入中东开展国际承包业务,至今已有四十多年的历史。回首过去,风雨兼程,经过几代人的不懈努力,中国港湾在中东市场已经从一家名不见经传的公司,成长为颇具美誉度的国际知名企业。

当前,中国交通建设集团有限公司(以下简称“中交集团”)正深入推进“公司国际化”深化改革。中国港湾作为中交集团的平台公司,在中东聚焦主责主业,围绕“大交通、大城市”领域,朝着建设“科技型、管理型、质量型”世界一流企业的战略方向,主动研究探求如何在体系化、标准化建设方面做得更好,如何在中东的项目管理(如设计管理、采购管理、施工管理,以及安全管理、质量管理、合约管理、进度管理、综合后勤管理、文档管理等专业管理)方面做得更为完善,我们认为《沙特阿美 EPC 项目管理实务》一书的出版将起到积极的推动作用。

《沙特阿美 EPC 项目管理实务》是以沙特阿美石油公司(Saudi Aramco)(以下简称“沙特阿美”)项目管理为基础编制的。沙特阿美是世界上最大的石油公司,素以项目管理标准高、要求严著称。其商务合约条款是在国际咨询工程师联合会(FIDIC)条款的基础上不断修改、更新而成,其技术标准是基于同期国际最新技术要求制定,其现场管理是基于石油公司严格的流程管理。

中国港湾在沙特阿美的项目管理实践中,既有成功的经验,也有在参与初期不熟悉其管理流程、技术标准,以及自身适应能力不足所导致的深刻教训。为了规范项目管理流程,提升项目管理水平,在归纳、总结沙特阿美项目管理经验的基础上,编制适应其 EPC 项目的管理实务用书显得尤为重要。本书在撰写过程中，得到了黄礼宏、乔永立、孙壮、张瑞晗、高博宇、孟理昕、包有福、张若桐、姚霄斐、丛新宇、张钰、陈烨阳、王毅的支持，他们抽空搜集、整理资料，对本书的顺利撰写作出了贡献。

《沙特阿美 EPC 项目管理实务》一书的成功出版，让我们看到的不仅仅是项目管理实务本身，而且还有项目管理团队敢于直面挑战、深入钻研、不畏困难、积极进取的精神。在国家“一带一路”倡议指引下，中国港湾将主动拥抱中交集团“公司国际化”深化改革和升维发展，统筹实现质的有效提升和量的合理增长，奋力开创高质量发展新局面，为中交集团加快建设“科技型、管理型、质量型”世界一流企业贡献出更大的力量。

2024 年 5 月

目录

第一篇　设计采购部分

第二篇 施工部分

第三篇 商务部分

第四篇 专项管理

沙特阿美EPC项目管理流程

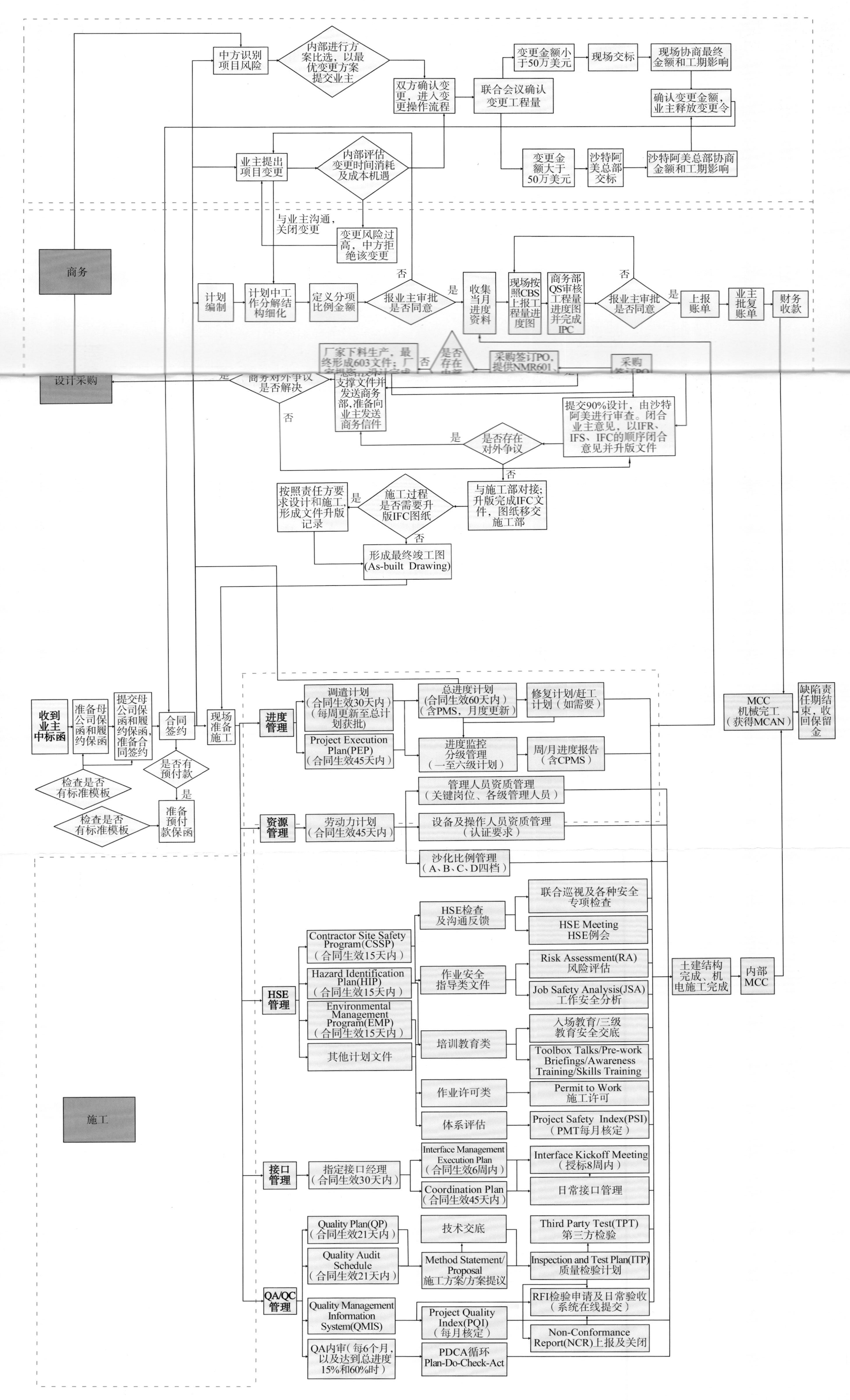

第一篇

设计采购部分

设计采购部分管理流程列表

分级目标管理——设计采购管理			阶段和流程							组织和职责	
目标	措施	任务	投标	启动	实施	管控	偏离	收尾	保修	组织	管控
			策划	分解	履行	监测	响应	移交	考核		
设计管理	初设校核、采购设计、施工设计、竣工图									承包商	项目经理
	设计风险管控	初设校核（FEED Verification）	投标团队初步识别要求，对业主进行澄清，信息准确移交	90天内完成初设校核（FEED Verification），在90天内留存对业主的商务记录	为商务部变更索赔准备技术支撑	形成设计过程记录清单，跟进事件进展				承包商	商务部
		识别业主额外要求（争议解决）	投标团队初步识别要求，对业主进行澄清，信息准确移交	无	识别业主额外要求，准备支撑文件，转交商务部	形成设计过程记录清单，跟进事件进展				承包商	商务部
	设计接口管控	按照进度需求闭合接口信息	研读业主招标接口相关文件	启动对接口承包商沟通工作，建立内部接口管理体系	识别接口点，根据内部计划设定每个接口信息的需要时间（进度管控）	形成接口过程记录清单，跟进时间进展				承包商	商务部
		识别接口引起的合约风险	研读业主招标接口相关文件	启动对接口承包商沟通工作，建立内部接口管理体系	对引起中方工程量变更的接口内容，准备支撑文件，转商务部	形成接口过程记录清单，跟进时间进展				承包商	商务部
	工程设计	地基设计、采购设计、施工设计、设计接口									
		地基设计（地下工程，桩基、地基处理设计）		完成设计基础报批，根据设计要求开展地勘工作	根据地勘结果及BOD要求开展设计工作；完成30%、60%、90%，逐步细化设计，直至IFC完成	风险方面见设计风险管控				设计院	设计院

续表

设计管理		和厂家配合，开展专业设计工作		在设计验证和设计完成30%的基础上，提供采购部门用于招标的技术文件（MR技术部分），并参与技术评标（TBE）	结合厂家文件，细化升版设计文件（完成60%、90%，直至IFC完成）审核厂家文件					设计院	设计院
		结构施工图设计		完成设计基础报批，根据设计要求开展地勘工作	根据BOD要求开展设计工作；完成30%、60%、90%，逐步细化设计，直至IFC完成	风险方面见设计风险管控				设计院	设计院
		竣工图									
采购管理	采购设备：境外直接采购；境内直接采购									供应商	设计院
	采购设备	采购设备								承包商	采购部
		工程设备（Engineered Equipment）		采购计划、采购程序	MR（Material Requisition），RFQ（Request for Quotation），TBE（Technical Bid Evaluation），PO（Purchase Order），NMR 601，IAP（Inspection Assignment Package），PIM（Pre-Inspection Meeting），NMR 602（细化设计），NMR 603（厂家后续文件提交）	物料采购状态报告、采购订单物料来源列表报告	偏差说明	培训手册			质保经理、采购质控经理、采购质控监管员、供应商检验员、质量记录管理员

续表

采购管理	境外直接采购	境外直接采购								设计院	文控部（DCC）
		非工程设备材料（国外）[Non-Engineered Equipment and Material (abroad)]		采购计划、采购程序	采购订单、备件列表	物料采购状态报告、采购订单物料来源列表报告	偏差说明	培训手册			专业工程师
	境内直接采购	境内直接采购								业主	沙特阿美海外公司（AOC）
		非工程设备材料（国内）[Non-Engineered Equipment and Material (domestic)]		采购计划、采购程序	采购订单、备件列表	物料采购状态报告、采购订单物料来源列表报告	偏差说明	培训手册			

第 1 章　设计部分

1.1　沙特阿美设计文件对外报批流程

沙特阿美设计文件对外报批流程为：IDC(Internal Document Check，内部文件审核)→IFR(Issue for Review，提交业主审核)→IFS(Issue for Second Review，再次提交业主审核)→IFC(Issue for Construction，上报用于施工)。在审查过程中，需要以 CRS 形式闭合业主意见接口，未闭合之前不允许升版 IFC。根据沙特阿美合同规定，业主的审查并不能减轻 EPC 承包商的设计责任。

完整的文件提交流程如图 1-1 所示。

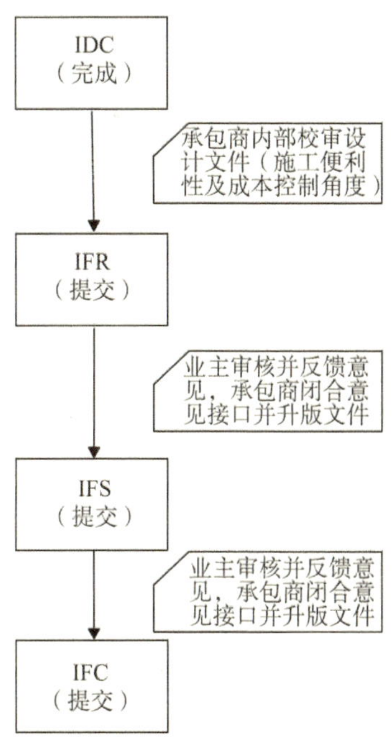

图 1-1　沙特吉赞取排水口项目文件报批审核流程

这种文件审核流程会增加承包商设计文件通过业主审查的难度，往往由于业主的额外要求引起商务争议，同时可能由于业主回复滞后而导致工期延误问题。

对于设计过程中沙特阿美的意见以及引起的商务争议，从管理层面需要着重加强两个方面：

(1) 过程记录管理。过程记录管理即事件过程记录清单，指从项目开始到项目结束，对所有的争议问题进行过程记录。

(2) 进行有关流程管控。设计过程中主要的争议问题往往是由工程师发现的，因此对于任何设计风险、商务争议，第一个知情人往往是设计工程师，而非商务人员或者项目管理层。但往往国内设计院缺乏 EPC 项目中设计方所必备的合约意识，所以在项目初始，对设计团队进行商务风险管理流程的培训是十分必要的。同时，项目部内部的非设计团队通过对设计文件的校审（IDC 流程），也可以起到对业主审查意见引起的技术及商务风险的最终识别和把关作用。在吉赞取排水口项目中，对于业主审查意见引起的商务风险，项目部也制定了对应的管理流程，如图 1-2 所示。

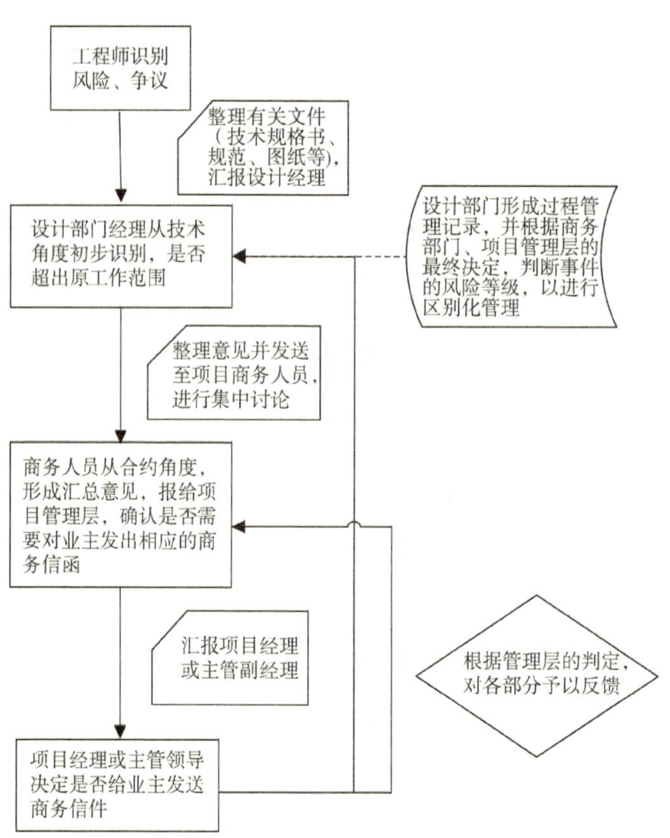

图 1-2　业主审查意见引起的商务风险管理流程

此外，根据沙特阿美规范要求，部分设计文件在升版 IFC 完成报批之前，除了闭合业主意见接口之外，还需要找第三方具有规范中要求资质的设计单位进行设计审查，并在图纸上进行签字和盖章。设计文件主要包括消防和通信（室内综合布线及光缆敷设）两部分。

沙特吉赞取排水口项目——主泵站

1.2 沙特阿美设计文件编码

沙特阿美要求设计文件按照沙特阿美流程统一编码。所有设计提交文件的编号需要向沙特阿美统一申请，项目设计管理团队应该提前通过正式信件，向沙特阿美申请设计文件编号。

1.2.1 前期工作要求

(1) 28 天内上报相关性计划(Interdependency Schedule)；30 天内任命接口经理。

(2) 30 天内完成设计办公室人员调遣(Mobilization)。

(3) 30 天内完成组织机构图及关键岗位人员(Key Persons)简历提交。

(4) 6 个星期内上报界面管理计划(Interface Management Plan)。

(5) 45 天内上报项目执行计划(PEP)文件(包括设计部分)。

(6) 45 天内上报样例绘图包(Sample Drawing Package)。

(7) 60 天内完成设计决策矩阵(Design Document Matrix，DDM)。

(8) 60 天内升版上报相关性计划(Interdependency Schedule)。

(9) 12 周内完成设计审查(Design Review)。

1.2.2 前端工程设计(FEED)验证

根据沙特阿美 EPC 合同 Schedule A 12 款，承包商需要在合同工期开始后 90 天内完成设计验证，对前端工程设计(Front End Engineering Design，FEED)文件中绘制(Drawing)、规格(Specification)、标准(Standard)之间的设计矛盾，在 Schedule B 附件 I 中规定上述文件的优先级。对于承包商在 90 天之内没有提出的设计矛盾的验证，将失去相关索赔权利。这就要求，承包商在合约工期开始后的 90 天内，加大对招标 FEED 的审核力度，一旦发现绘制(Drawing)、规格(Specification)、标准(Standard)之间的矛盾之处，需要立即汇报商务人员及项目管理团队，进而保证商务层面的有效跟进。

这里仅对沙特阿美合同中的技术文件，即对工程范围（Scope of Work）内的图纸、技术规格书、规范的优先等级进行介绍，具体如下：

图纸、技术规格书、规范的优先等级如下：

（1）结构物设施性能技术规格书（Facilities Performance Specification）；

（2）项目标准（Project Standards）；

（3）沙特阿美初步设计（Saudi Aramco Preliminary Design）。

根据 Schedule A 12 款，当发生设计矛盾时，即便在合同开始 90 天内成功识别，也只有当业主要求设计服从优先级高的要求且此要求相比于优先级低的会引起额外费用时，才能够申请变更。前端设计文件校审（FEED Verification）流程如图 1-3 所示。

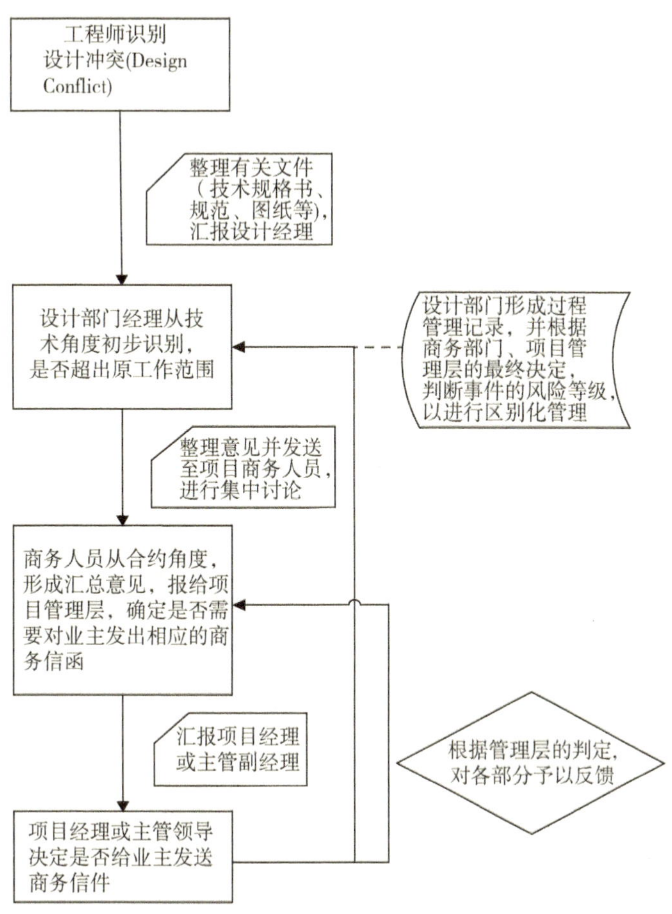

图 1-3　前端设计文件校审流程

1.3 设计文件内部会审流程

在 EPC 项目中，设计是合同额占比最小但对整个项目影响最大的一部分。一方面，设计部门提供的 IFC 图纸将用于采购和施工，对项目成本构成会产生直接而深远的影响；另一方面，设计部门在开展设计工作时，往往对施工可行性的考虑不足，需要施工部门根据材料设备供应情况、施工工艺、作业环境等因素进行审核，以保证设计文件的可行性和技术经济性。

IDC 流程主要是从成本控制，以及施工可行性、经济性角度进行审查。需要此流程的原因，主要是对于 LSTK 固定总价交钥匙合同 EPC 项目，由承包商自身的具体设计问题引起的工程量增加，业主不会进行任何赔偿。因此，内部成本控制就显得尤为重要，在每一版设计文件提交之前，必须经过内部校审。值得一提的是，在内部校审时，由于内部合约关系，设计方对于设计质量、设计安全性等问题的责任，并不会因为内部校审而减轻，即就内部的责任划分而言，总承包商不会因内部校审 IDC 流程而承担设计质量引发的相关责任。

为了保证项目的成本控制和施工可行性，项目制定了设计文件内审流程，内审流程如图 1-4 所示。

这里面需要注意的是，由于 EPC 总承包商内部的设计、施工、采购有时是互相独立的单位，他们对同一问题的考虑角度是不一样的。施工、采购部门，更加注重的是自身的成本控制，或者施工、设备安装过程中的经济性、可行性，而设计部门更加注重的是设计的安全性，以及对规范的符合性。因此，各部门在对设计文件会审的过程中，往往存在分歧和争议。为了处理好各方之间的矛盾，确保在安全的前提下使整体利益最大化，在经济性、施工可行性、安全性之间寻找最佳平衡点，此时通过相应的管控流程，对这样的内部争议进行上报。管理层收到信息之后，如果内部的技术力量对此争议无法给出合理的建议，那么寻找此专业领域的第三方技术力量，是最直接的解决办法。对国际工程而言，第三方技术力量主要包括咨询公司、厂家（制造商）。

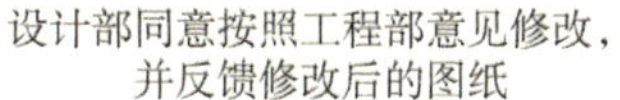
设计部同意按照工程部意见修改，
并反馈修改后的图纸

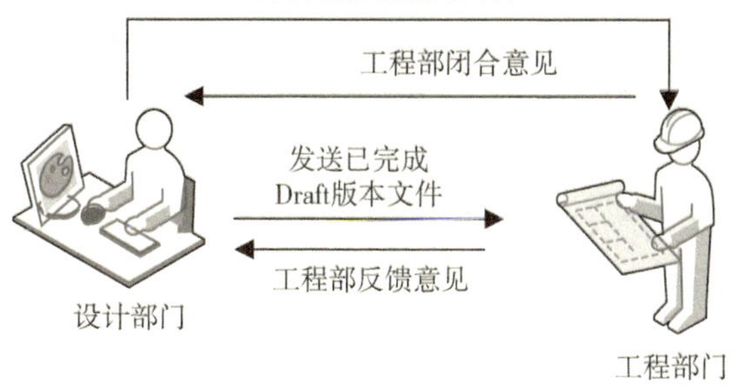
工程部闭合意见
发送已完成
Draft版本文件
工程部反馈意见
设计部门
工程部门
双方存在争议，
汇报管理层再进行
判断

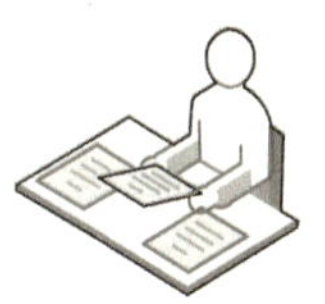
第三方技术力量
进行技术支持
第三方技术力量

图 1-4　IDC 内审流程

1.4 设计文件 IFC 移交流程

以沙特吉赞取排水口项目为例，该项目涉及参与方较多，包括 EPC 承包商、施工采购分包商、疏浚施工分包商、设计院（设计管理单位、设计实施主体）及国际咨询公司等。为保证设计成果 IFC 的合规性，使各方履约更加合规，项目部制定了设计文件 IFC 移交流程。制定这一流程的目的，主要是从文件上、流程上体现各方履约并留下相应的记录文件，即痕迹管理。

沙特吉赞取排水口项目——海底 HDPE 管道安装

1.5 设计接口管理

以吉赞取排水口项目为例，该项目涉及大量接口问题，涵盖土建、机电设备、电气、工艺、仪控、总图等各个专业。沙特阿美有专门的接口问题沟通渠道，即 Coreworx 平台，各承包商需在此平台上进行沟通，就接口问题进行互相配合，推进彼此的设计工作。但由于涉及责任划分、工作范围确定、接口设计输入信息提供滞后等问题，往往引发很多争议。而承包商之间并没有合约关系，对于可能引起的成本、工期风险，需要为业主保存好合约过程信件，为变更索赔奠定基础。作为风险管理的一部分和商务争议的一个诱因，工程师对接口引起的合约问题的上报流程，和其他设计争议问题是基本一致的，只是管理层面设计经理、商务经理、接口经理需要同时介入，并从不同角度形成事件记录。

沙特阿美合同规定，在整个设计过程中，承包商作为沙特阿美吉赞经济城众多承包商之一，有义务参加在某一国家由某一承包商举办的界面协调接口会议(Global Interface Meeting,GIM)。在这种会议中，往往承包商之间会形成会议纪要，达成一些共识，作为后续工作开展的依据。

此外，接口问题较为繁杂，需要进行长期性管理和跟进，所以从项目一开始，就聘用一位能够长期服务于项目的具有国际 EPC 项目接口管理经验的接口经理，尤为重要。

1.6 设计文件模板

在设计执行的过程中，涉及多种类的文件提交，既有常规的提交物，也有用于技术沟通的 TQ(技术问卷)，以及向业主索要信息的 RFI(信息请求)。沙特阿美要求，设计提交物使用沙特阿美规定的模板。

沙特吉赞取排水口项目——消能池

沙特吉赞取排水口项目——人工湖

1.7 设计软件

沙特阿美在合同中会明确规定设计工作应该使用的软件，这一点应该注意。如果承包商没有合同中规定的软件，而希望采用其他软件，或者合同中根本没有规定某项工作所用的软件，那么在开展详细设计之前，需要通过信件向业主进行申请，请业主批复同意使用此软件开展有关设计工作。以吉赞取排水口项目为例，业主规定的软件列表如下：

(1) Simsci Pro-Ⅱ；

(2) CAESAR Ⅱ；

(3) Electrical Transient Analyzer Program(ETAP)；

(4) Intergraph SmartPlant 3D；

(5) MicroStation；

(6) Auto SACS；

(7) SmartPlant P & ID [采用 Oracle 10.2 (10 g)作为数据库]；

(8) SmartPlant Instrumentation(SPI)；

(9) Engineering Manager [采用 Oracle 10.2 (10 g)作为数据库]；

(10) HTRL (包括 ACE、CST、IST、PHE、PKH、ST、RTF-2 和 VIP)；

(11) SmartPlant Electrical[采用 Oracle 10.2 (10 g)作为数据库]；

(12) STAAD. Pro；

(13) MathCAD；

(14) Aspen Zyqad。

1.8 专项设计审查会

沙特阿美合同 Schedule B 3.12 款要求，承包商和沙特阿美共同召开 3 次集中审查会（Design Review Meeting），分别为 30%、60%、90%设计审查会，其目的主要是保证设计提交物充分满足规范、技术规格书的要求。审查会中，需要提交的文件主要在 SAEP-303 中进行了规定。承包商应当记录业主方审查人员的全部意见，并且通过文控系统正式提交沙特阿美，并保证后续文件中对业主意见的闭合。

此外，业主还要求进行 3D 审查会，即对项目的 3D 模型进行审查。根据合同附件 B 3.13 款要求，要举办专项设计审查会，承包商需要对业主提出的要求和意见进行闭合，并对模型进行相应修改。合同还要求，现场必须保留一台能够使用 3D 软件的电脑，并且配有一名能够熟练使用 3D 软件的设计人员，以便随时向业主展示 3D 模型，并澄清业主的任何相关疑问。

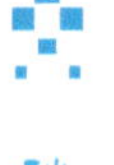

沙特吉赞取排水口项目——EC 制氯站

1.9 设计工作中应注意的技术问题

1.9.1 地勘工作及地基处理实验

从施工角度来看，对于土建工程来说，最早能够开启的工作除了土方开挖、回填之外，主要就是地基处理工作。而地基处理，需要以设计给出的地基处理计算书、图纸为依据，而此项设计工作，又要以地勘报告为基础。所以尽早开始地勘工作，对于设计工作的顺利开展以及整个项目前期工作的推进，都是十分关键的。

根据沙特阿美要求，地勘工作需由具有资质的第三方勘测公司进行，并形成地勘报告，在沙特阿美批复之后才能使用。此外，开展地勘工作的前提条件，是设计给出地勘的技术规格书，只有在此项文件得到沙特阿美批复之后，沙特阿美系统才会正式给出地勘报告所需的文件编号（File Number）。承包商委托的第三方单位需要提前报批，经业主相关部门批准后，勘查单位才可以根据沙特阿美批复的地勘规范（GI Specification）开展地勘工作，并完成地勘报告。地勘报告同样需要得到沙特阿美的批复后才能作为设计工作的参考依据。这里需要注意的是，对于地勘报告的审核，沙特阿美虽然流程上要求地勘报告需要得到业主批复，但合同中已经明确了“业主的审核和批复并不能减少承包商的任何责任，承包商对地勘的准确性负有全责”。所以从内部责任划分来讲，设计单位应对地勘单位所完成的地勘报告负有校审义务。地勘工作流程如图 1-5 所示。

在进行土建设计之前，地勘资料是必要的。按照设计推荐的地基处理工法，现场应该开展相关试验，如试夯、试桩等。根据沙特阿美规范，通过现场试验可选择出适当的安全系数（Factor of Safety），这样有利于节约施工成本。

1.9.2 设计重要参数变更

在设计实施过程中，业主对一些基础参数的调整，对成本影响较大。下面以吉赞取排水口项目的两个实例作简要介绍：

（1）地震峰值加速度（Peak Ground Acceleration，PGA）变化：业主要求，PGA

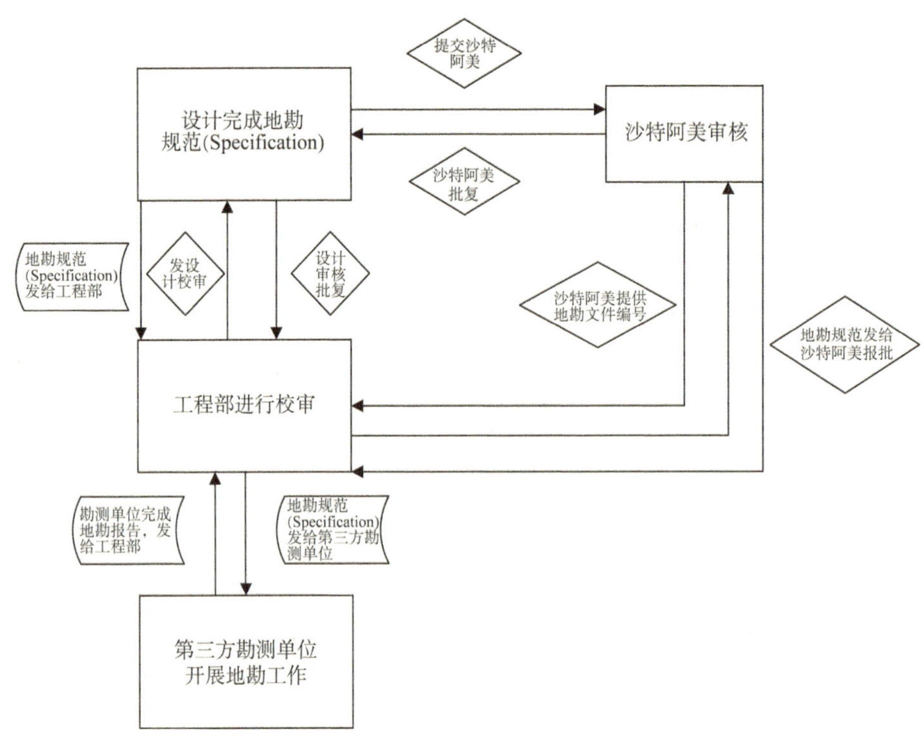

图 1-5　地勘工作流程

由原 FEED 中的 0.1 g 变为 0.16 g，这将引起计算地震液化深度由原来的 5～7 m 变为 15 m 以上。地震液化的原因主要在于土质松散且地下水位较高。对于离海边较近的取排水工程，发生地震液化的风险较高。

对于 15 m 以上的地震液化深度，常规的强夯处理很难取得效果，必须进行碎石(桩)挤密加固才能满足处理要求。由于当地石料价格贵，由此造成的成本增加是无法接受的。

(2) 高程系统变更：业主提出，原合同文件中所采用的高程系统是错误的，需要更改为新的高程系统。这属于设计基础变更。经过分析，由于这一变化，项目部不得不调整原有取排水系统的结构高程，必须重新进行系统水力计算。水力计算的结果作为土建结构设计的依据，直接影响项目的钢筋和混凝土工程量。

基于以上两个例子，我们可以看出，对于商务风险的识别，工程师的商务意识和技术能力，都是十分关键的。此外，一套成熟的管理体系，使每个问题都能可追踪、快识别，也是 EPC 项目整体经济利益实现的有力保障。

1.9.3 物模、数模实验

根据工程范围(Scope of Work)要求,对于取排水的全部混凝土构筑物需要进行物模、数模实验,以保证整个渠道内流态的合理性。这一工作需要由第三方来完成。物模实验更多的是判断细部流态,因此只有在泵站区域、管道入口区域才有必要进行,所以在开始物模实验之前可以先和业主进行沟通,对于没有必要进行物模实验的区域争取取消该实验。此外,在开始实验之前,也应该就模型比例、考虑工况等问题和业主进行沟通确认,即在实验之前应取得业主书面批复文件,以免在做完实验和形成报告之后,业主又对一些基础的问题提出质疑,形成争议,影响设计后续工作的开展。

1.9.4 设计工时计算

在项目执行过程中,业主可能会对现有结构物或设备提出变更。此部分变更可能需要设计、采购、施工部门配合,产生相关的费用。设计工时计算如表 1-1 所示。

表 1-1 设计工时计算

提交物类型	新提交物	修改提交物
A	1	0.33
E	0.08	0.03
D	0.25	0.08

表 1-1 中,A 为 A0 号图纸,E 为计算书、技术规格书、设计准则等,D 为数据表等。在计算工时时,需将 E、D 类型文件按照表中系数转化成 A 类文件。例如:E 类计算书有 100 页,则可以转化成 100×0.08=8 张 A0 号图纸。每张 A0 号图纸按照 50 工时计算。

第 2 章　采购部分

2.1　承包商采购程序

承包商应在合同生效 30 天内向沙特阿美提交一份采购计划及采购程序，说明采购流程及从报价至交付现场所有的采购信息，包括设计、接口、更改程序等内容，明确阶段性报告及其计划上报日期和每月材料设备采购状态，以供业主审查。

沙特吉赞经济城商业港港机项目——设备到场

2.2 项目采购流程

项目采购流程主要分为以下 6 个阶段。

1. MR(Material Requisition)阶段

在该阶段提交申请书，具体包括材料对应的技术规格书、图纸、沙特阿美规范、相关国际规范、沙特阿美所要求的检验表格、验收等级、各项文件提交要求、合格供应商库、9COM(沙特阿美供应商管理系统产品代码)清单等具体信息。承包商按照沙特阿美的程序要求整理完毕，需要正式上报业主批复。

2. RFQ(Request for Quotation)阶段

在 MR 阶段获得业主批复后，即着手 RFQ 阶段，采购团队将正式询价函发给在沙特阿美 MR 合格供应商名单上的所有具体供应商，要求其在规定时间内按业主要求正式递交商务标及技术标至承包商。

3. TBE(Technical Bid Evaluation)阶段

各项采购进行招标，当收到 3 家及以上(特殊情况除外)的 RFQ 标书，采购团队与设计工程师联合对其进行公平公正的审阅、澄清，在确保厂家标书满足技术要求的情况下，由采购团队撰写符合沙特阿美格式要求的技术评标文件并正式上报业主审核。

4. PO(Purchase Order)阶段

TBE 获得业主正式批复后，采购团队需再次对 PO 技术附件进行确认，无误后方可正式与厂家签订订单。

5. NMR(Non-Material Requirement)阶段

PO 签订完成，厂家将会陆续按要求提交 NMR 601 文件(主要包括按业主要求编制的结构图、施工图、详细单元图、材料清单、装配方法等)，此阶段设计部门需要结合相关质量文件完成对 NMR 601 文件的批复，以便让厂家具备开始生产具体产品的条件。

随着厂家设计的不断深入，设计团队需要陆续审阅厂家编制的 NMR 602 图纸，并最终定版厂家技术图纸，使最终图纸与厂家生产设备一致。

随后，厂家将继续上报 NMR 603 资料（主要包括沙特阿美要求编制的安装寿命、使用维护手册、相关检验报告等）给业主审批。

在 NMR 阶段，不同厂家之间进行相互交叉提资，厂家文件资料审核把关的好坏，直接影响到此阶段的交叉提资质量，也会影响相关采购项的进一步推进，需引起高度重视。此阶段由采购部门负责。

6. 交付（Delivery）阶段

厂家完成设备生产并经相关检测合格后，可按照合同约定进行运输交付。项目采购流程如表 2-1 所示。

表 2-1　项目采购流程

序号	环节	主要内容	执行部门	备注
1	MR	编写相关采购材料的 MR（技术策划书）	设计部门提供材料清单（MTO）及相关技术文件，采购部负责编写	
2	RFQ	询价文件编写	采购部编写	
3	TBE	评标文件编写	设计部与采购部共同审核，采购部负责编写	
4	PO	与厂家签订合同	设计部负责审核技术文件，采购部协助	
5	NMR 601	厂家提供相关文件，中方进行审核	设计部负责审核批复厂家文件，采购部负责与厂家沟通协调	部分文件涉及 QA/QC 内容（NMR 程序 1）
6	IAP	Inspection Assignment Package（预检会前提交的文件）	QC 团队负责根据合同 Schedule Q 里的要求收集资料［包括 ITP、子供应商清单、TPI（第三方检测）等］	非主要阶段
7	PIM	预检会议	业主、第三方和采购方对 ITP 确认签字，讨论供货周期等问题	非主要阶段
8	NMR 602	细化设计	设计部负责审核 NMR 602 文件	NMR 程序 2
9	交付（Delivery）	交货	采购部负责相关跟踪工作	
10	NMR 603	厂家后续文件提交	以安装及后续产品支持性文件为主，采购部跟踪，设计部配合	NMR 程序 3

注：本表格中的 10 个流程为前文项目采购流程 6 个阶段的细化。

2.3 项目厂家文件审批流程

以沙特吉赞取排水口项目为例，厂家文件审批流程如下：

(1) 步骤1：厂家将NMR 601资料(A00版)发送至采购部文控DCC处。

(2) 步骤2：采购部文控DCC检查文件的完整性，确认无误后，将相应文件的电子版文件发送至设计院DCC，并交纸质版文件给EPC承包商DCC上报至业主AOC。设计院DCC在收到厂家文件后，将厂家文件转发至相关专业工程师。各方DCC应及时(当天)将文件分发给相应负责人处理。

(3) 步骤3：专业工程师收到厂家文件后，应立刻开始审阅，并于5天内以CRS的形式提出自己的审核意见(Comments)。与此同时，EPC承包商DCC会收到AOC对厂家资料的审核意见(简称"AOC Comments")，EPC承包商DCC将其转发至设计院DCC、施工部DCC及采购部DCC，同时做好记录。

备注：专业工程师应确保审核问题的准确性、针对性及完整性，杜绝没有指定性的审核意见。项目部针对业主提出类似审核意见，立刻与AOC沟通确认其具体用意，达成一致处理方案。避免因审核意见不明确造成不断反复，影响关闭进程。

(4) 步骤4：设计院DCC将AOC审核意见转发给专业工程师。如果AOC审核意见无可编辑版本，设计院DCC直接让设计部秘书将AOC审核意见转录为可编辑版后再转发给专业工程师。专业工程师应在1日内对AOC审核意见进行整合和评估，并提交至采购部DCC处。

备注：

①若专业工程师认为AOC审核意见合理并需厂家回复，则将其整合至CRS。

②专业工程师将整合AOC与各专业工程师审核意见的CRS表格交由相应负责人签字，并于收到厂家资料的6日内将纸质版与电子版的CRS及电子版的标有审核意见的厂家文件按流程发送至采购部DCC处。

③若专业工程师认为AOC审核意见不合理或超出原合同范围，则不能将其整合至CRS。针对此类审核意见，专业工程师需与AOC工程师进行沟通并达成一致的审核意见处理方案。

④在厂家回复 CHEC CRS 后，专业工程师整理，对全部 AOC 审核意见统一回复。

⑤针对个别承包商的审阅周期与 AOC 的审阅周期不同步情况，如果专业工程师在收到厂家文件 6 日后尚未收到 AOC 审核意见，则不必等待 AOC 审核意见，直接进行下一步流程，但需在 CRS 中备注：附加的审核意见可能在几周之内提供（additional comments may follow within weeks）。待 DCC 收到 AOC 审核意见后，按上述流程转发至工程师评估，并在 1 日后向厂家提供更新版 CRS（补充业主审核意见）。

⑥据统计，AOC 审核意见中近 90％能在 6 日内提供，若 6 日内没收到，由采购部 DCC 向业主催促回复。

⑦若采购部 DCC 6 日内未收到设计院提交的审核意见，则从当日起，采购部需每日发送一次提醒（Reminder）信件给设计院 DCC。采购部 DCC 做好相应文件来往记录，并每周发给项目部管理团队，告知文件处理状态。

(5) 步骤 5：采购部 DCC 收到纸质版和可编辑版 CRS 及附件，按采购流程反馈厂家。

(6) 步骤 6：厂家在收到 CHEC CRS 后，应在 3 个工作日内反馈对审核意见的初步回复意见，并通过 DCC 流转至专业人员，各方（业主、采购部、设计部、厂家）通过邮件、电话、会议等形式进行审核意见关闭工作，直至审核意见基本闭合，当审核意见达成一致时，再要求厂家按照回复及商讨意见升版文件。EPC 承包商如在收到厂家回复后 7 日内无法最终闭合审核意见，由采购部牵头组织各方开会讨论闭合。

备注：

①厂家应在 3 个工作日内反馈对审核意见的初步回复意见，若没有收到厂家回复，由采购部 DCC 进行催促，并记录在案。

②在厂家回复过程中，针对具体技术问题，可通过邮件或电话与专业工程师进行沟通，以便加快审核意见闭合进程。针对小问题，允许审核意见状态为“未闭合（Open）”，但可以“带意见批准（Approved with Comments）”。

③就重大原则性问题，若通过电话或邮件无法达成一致意见，由采购部立即组织厂家抵达办公室召开业主、设计部及厂家三方会议进行商讨，争取在会上达成一致意见，如不能达成一致意见，不必升版。同时，项目部内部组织各方共同商讨处理

意见，并由项目总经理部统筹给出处理意见。

(7) 步骤 7:EPC 承包商审核意见闭合后，要求厂家在合同规定时限内按照审核意见回复并对 A00 文件相应部分进行修改，修改的部分要在文件中标注，方便审阅，而没有标注的部分厂家对其与上一版的一致性负责。

(8) 步骤 8:厂家完成 A00 文件升版工作后，需将文件升版至 A01，并发出审批申请(Issue for Approval)，按照厂家资料报批流程报批，发送至采购部 DCC 处。

(9) 步骤 9:采购部 DCC 确认厂家文件无误后，将 A01 电子版文件发送至设计院 DCC。

(10) 步骤 10：设计院 DCC 将 A01 文件转发给专业工程师。专业工程师应在 1 日内检查 CRS 中审核意见的回复意见在文件中落实情况，并与 AOC 对落实情况进行讨论，确认是否需要进行联合评审会议(Joint Review Meeting)；如果业主要求，则需要在盖章之前进行联合评审会议。

如果发现回复意见没有落实，设计方应对未闭合的审核意见进行评估，若未闭合的审核意见亦可接受，则依旧给予批准(Approved with Comments)；若设计方认为该审核意见必须闭合，则通过采购部与厂家交涉，让其改进并重新提交(Revise and Resubmit)。厂家则根据审核意见提供 A02 版本。如果审核意见已落实，专业工程师将厂家升版文件、CRS 通过设计院 DCC 反馈给采购部 DCC，采购部 DCC 将文件打印出来并根据设计部(或指定代表)意见盖章，由设计部签署批复状态[带意见批准(Approve with Comments)及批准(Approved)均具备签字盖章条件]，最后通过采购部 DCC 将批复文件发给厂家，厂家文件流程进入 NMR 602 阶段。同时，采购部 DCC 按流程将批复后的厂家文件(不含 CRS)作为 IAP 的一部分上报业主。

2.4 采购进度款的收取

2.4.1 OOK 合同

1. 设计类采购项目

(1) 完成订单(PO),可收取总价的 5%;

(2) 完成单项相关的所有设计工作,可收取总价的 10%;

(3) 设备具备起运条件后装船起运(无须到现场),并提供相关证明,可收取总价的 65%;

(4) 清关后并运达施工现场,可收取总价的 20%。

2. 非设计类采购项目

(1) 完成订单(PO),可收取总价的 5%;

(2) 设备具备起运条件后装船起运(无须到现场),并提供相关证明,可收取总价的 75%;

(3) 清关后并运达施工现场,可收取总价的 20%。

2.4.2 IK 合同

1. 设计类采购项目

(1) 完成订单(PO),可收取总价的 5%;

(2) 完成单项相关的所有设计工作,可收取总价的 10%;

(3) 设备具备起运条件后装船起运(无须到现场),并提供相关证明,可收取总价的 50%;

(4) 清关后并运达施工现场,完成安装,可收取总价的 20%;

(5) 沙特阿美接收并确认所有部件满足规范要求,可收取剩余的 15%。

2. 非设计类采购项目

(1) 完成订单(PO),可收取总价的 5%;

(2) 设备具备起运条件后装船起运(无须到现场),并提供相关证明,可收取总价的 75%;

(3) 清关后并运达施工现场,可收取总价的 20%。

2.5 供应商、承运商和制造商

2.5.1 沙特供应商和承运商的优先权

沙特阿美鼓励沙特本国公司为沙特阿美项目提供大部分采购和运输服务。

无论承包商何时采购物料或进行运输安排，沙特阿美都鼓励承包商联系沙特本国供应商和承运商，如沙特阿拉伯国家航运公司(NSCSA)、阿拉伯联合国家轮船公司(UASC)和沙特阿拉伯航空公司(SAUDIA)以及其代理机构(可向公司索取详细信息)，并向其提供根据承包商要求报价的机会。

2.5.2 优先选择沙特制造商

沙特制造商指沙特阿拉伯境内在生产过程中使用合理数量的当地原材料或当地劳动力进行产品开采、制造或装配并获得沙特工商部颁发的合格证书的工业企业。

对于价值在 1 万美元($10 000)以上的采购项目，以及生产商在沙特阿美供应商名录里的采购项目，承包商应直接向其中技术合格的沙特制造商采购询价。

此外，如果没有合格的沙特制造商，则承包商可向合格的沙特境外制造商下订单。如果有 3 个或 3 个以上合格的沙特制造商，则承包商必须选择 1 个合格的沙特制造商并与其签订采购订单。

如果有 2 个或 2 个以上合格的沙特制造商，则承包商必须向沙特阿美提交 1 份合格的沙特制造商报价表。

沙特吉赞白石滨海开发项目的航拍全景

第二篇

施工部分

施工任务分解表

施工管理			阶段					
目标	措施	任务	投标签约	开工准备	实施监测	偏差救济	完工移交	保修竣工
进度管理	计划进度监控	节点工期	总进度计划	调遣计划、 总进度计划、 项目执行计划	报告提交 (Presentation)	修复/赶工计划	土建完工、 机械完工、 实体完工、 部分机械完工证书	
资源管理	资源计划、 人员资质	资源调遣、 沙化比例	资源计划、 组织架构	资源计划、 关键岗位资质、 组织架构	设备材料管理、 供应商管理、 分包商管理、 人力资源管理、 资质报批、 沙化比例	资质审批、 赶工计划、 沙化比例	关闭	
质量管理	质量管理计划	PDCA 循环、 过程管理、 技术管理	QA、QC 资质	质量计划、 质量监控计划、 建立 QA、QC 体系	SATIP、 SAIC、 SATR、 9 级检验、 施工方案、 ITP、 培训计划	NCR、 LBE、 节点 QA 内审、 PQI	关闭所有的 NCR、 LBE	关闭
安环管理	HSE 目标	HSE 计划	HSE 资质	现场安全计划、 有害识别计划、 环境管理计划、 HSE 人员资质	RA/JSA、 卫生健康福利、 培训、 安全许可、 报告	安全检查、 报告 PSI	关闭	
界面管理	界面协调	界面协调	明确接口 (Interface)责任	接口(Interface)经理、 管理计划、 协调计划、 工作启动会议 (Kickoff Meeting)	设计和施工过程、 接口(Interface) 协调	协调会议	关闭	

第 3 章　施工准备阶段

3.1　项目实施条件分析

3.1.1　自然条件分析

对工程地理位置、周边环境及水文气象（如气温、降雨、风浪条件、沙尘暴、水文等）、工程地质条件进行实地考察和资料整理。

3.1.2　资源条件分析

从当地材料供应（沙特境内）、机电系统及其他材料供应（沙特境外）、劳动力组织、设备条件分析、技术标准（规范）分析角度出发，对当地资源条件进行分析，明确其对本项目的影响。

沙特吉赞经济城商业港项目——北码头

3.1.3 项目特点、重点与难点分析

结合项目特点，从施工角度出发，对施工过程中可能出现的风险进行整理识别，并尽可能给出充分的解决方案。就沙特吉赞取排水口项目而言，前期整理出的重点和难点主要有：

(1) EPC 项目工期紧，沟通(接口)量大；

(2) 沙特阿美项目管理体系复杂、要求严格；

(3) 国际物资采购经验欠缺；

(4) 机电部分实施难度大，管理人员欠缺；

(5) 基坑降水工程量大、难度高；

(6) 高空作业多，临水及潜水作业多，安全管理风险高；

(7) 吉赞地区资源匮乏；

(8) HDPE 管道基槽水上抛填实施难度大，HDPE 管道施工难度大；

(9) 常年高温及季风沙尘暴影响；

(10) 斋月影响；

(11) 设备出勤率低。

3.2 明确施工实施内容及分工

细化至每个分项，明确分项内容、组织模式、项目部责任及开工和完工时间。具体内容如表 3-1 所示。

沙特吉赞经济城商业港港机项目——岸桥设备到场

表 3-1 项目实施内容及分工

序号	工程名称	内容	组织模式	项目部责任	开工时间	完工时间	备注
1	现场办公区临设	集装箱活动房、水电安装	当地分包	提供主要大型设备	2014 年 10 月	2015 年 1 月	
2	生活营区临设	集装箱活动房、水电安装	自行组织施工	采购集装箱活动房，以及水、电线路所需材料，组织施工	2014 年 10 月	2015 年 2 月	
3	基坑支护与降水设计	各个区域基坑分阶段完成设计图纸提交	局内分包	提供现场地质勘察资料和水文参数等相关信息，进行抽水试验	2014 年 8 月	2014 年 10 月	
4	基坑施工	降水及开挖	自行组织施工	报批施工方案，自行采购降水物资，自行组织劳动力施工	2014 年 10 月	2015 年 2 月	
5	土方开挖、回填	开挖、回填、分层碾压	自行组织施工	提供土方开挖、回填、分层碾压施工的大型机械设备，组织人员施工	2014 年 10 月	2016 年 4 月	
6	工程检测及试验	地基处理检测（SPT/CPT 检测）；桩基检测	当地专业分包（沙特阿美认证第三方）	—	2015 年 1 月	2016 年 7 月	
7	地基加固	结构物地基处理(强夯、振冲等)	国内劳务分包	提供所需的回填材料，提供堆载、振冲和强夯所需的动力设备，提供碾压大型设备	2015 年 1 月	2015 年 8 月	
8	桩基施工	钻孔灌注桩施工	国内专业分包	提供钢筋、混凝土等主材	2015 年 1 月	2015 年 8 月	
9	模板加工	针对结构物进行模板现场加工	国内劳务分包	提供主、辅材和吊机等大型机械	2015 年 1 月	2015 年 6 月	
10	钢筋混凝土结构	钢筋绑扎、混凝土现浇和预制安装	国内劳务分包	提供主材及大型设备	2015 年 2 月	2016 年 7 月	
11	房建土建工程	变电站 1 座，电解产氯房 1 间	国内劳务分包	提供墙板、钢筋、混凝土等结构主材，提供安装所需的大型设备	2015 年 5 月	2015 年 11 月	

续表

序号	工程名称	内容	组织模式	项目部责任	开工时间	完工时间	备注
12	海底排水管等管道安装	排水管制作、运输、连接和安装等	劳务分包（管材制作、运输为国际专业分包，国际专业分包单位进行焊接及专业指导）	提供管道安装所需的压载块等主材及安装船只和陆上吊装等设备	2015 年 5 月	2016 年 7 月	
13	设备及电气工程安装	格栅过滤站及泵站、闸门及变电站电气设备安装和调试等	国内劳务分包	提供所需机械设备和电气设备等电气物资	2015 年 8 月	2016 年 7 月	有类似工程经验
14	过程控制系统安装	控制系统元件安装、系统调试等	国内劳务分包	提供安装所用机械设备，采购霍尼韦尔（Honeywell）公司的产品	2015 年 8 月	2016 年 7 月	
15	钢结构安装	重载道路桥钢结构、普通桥钢结构、电解产氯房钢结构的采购、安装	当地专业分包	提供安装所需的机械设备，采购合格供应商厂家生产的钢结构	2015 年 6 月	2016 年 3 月	
16	沥青道路施工	沥青层施工	当地专业分包	—	2016 年 1 月	2016 年 7 月	
17	护岸、护面	土工布铺设、规格石抛埋	自行组织施工	提供所需机械设备、土工布、规格石料等	2015 年 4 月	2016 年 7 月	
18	HDPE 管覆盖砂	HDPE 管安装完成后，管上覆盖砂，恢复到原海床面	自行组织施工	—	2016 年 1 月	2016 年 7 月	
19	混凝土站运营	生产满足要求的商品混凝土	国内劳务分包	提供搅拌站设备、混凝土原材料及相关机械设备	2015 年 1 月	2016 年 7 月	

3.3 制定 EPC 总体部署与方案

3.3.1 大临设施建设

对现场大临设施，如现场办公区（图 3-1）、生活营区（图 3-2）、搅拌站、工地实验室等，基于功能性和便利性考量，决定所处位置、占地规模、建设形式及设备配置，同时明确现场大临建设机械的型号、数量、配置要求（表 3-2），以及施工部署与施工方案。

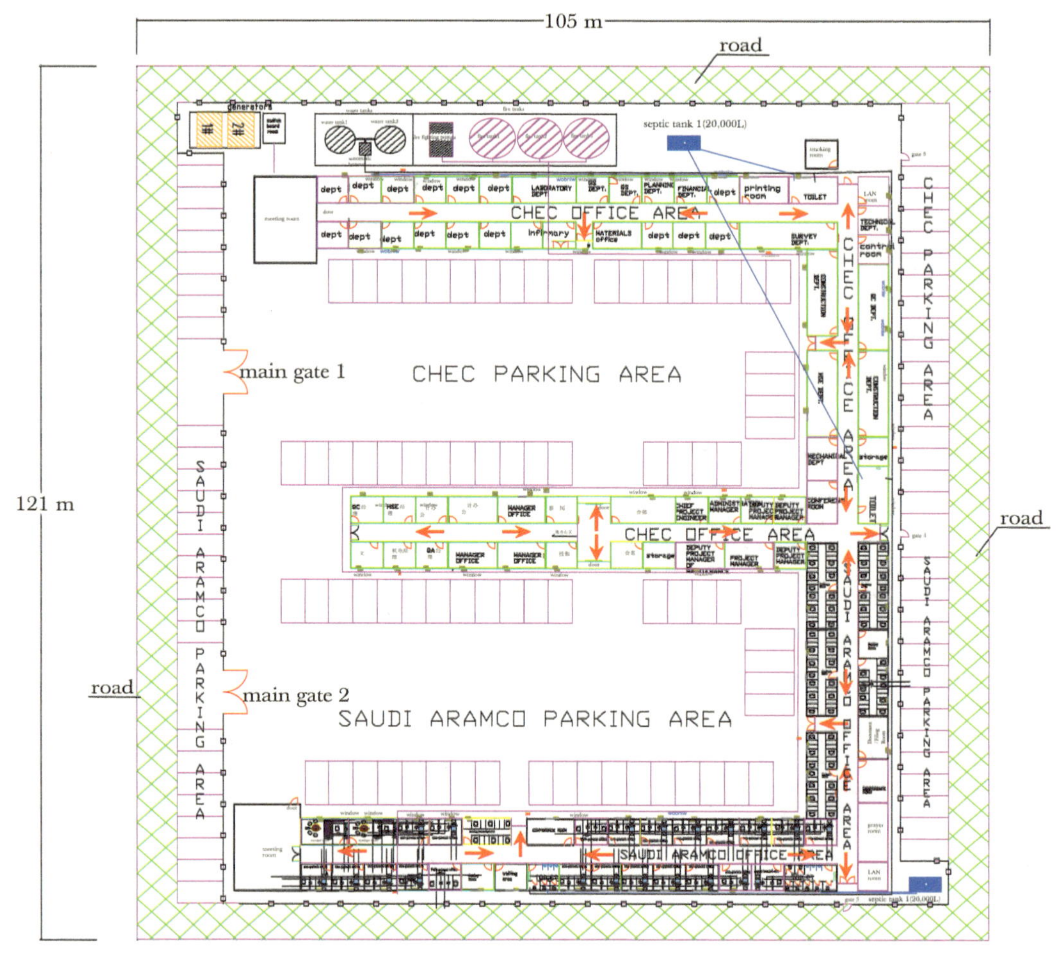

图 3-1　现场办公区总平面图

表 3-2 大临设施建设

序号	名称	地点	尺寸	数量(个)	面积(m^2)	备注
1	营区	吉赞经济城外	350 m×100 m	1	35 000	毗邻一期营区
2	现场办公区	业主指定用地	150 m×190 m	1	28 500	毗邻一期办公区
3	钢筋加工场	一期预制场内	50 m×80 m	2	8 000	总平面布置图
4	石料堆场	进水渠两侧	300 m×50 m	2	30 000	
5	维修车间	一期预制场南侧	50 m×30 m	2	3 000	
6	搅拌站	一期预制场旁	300 m×100 m	1	30 000	
7	设备停放区	毗邻维修车间	150 m×50 m	1	7 500	
8	油库	一期预制场南侧	20 m×20 m	2	800	
9	HDPE 管堆场	海边泄水口附近	200 m×800 m	1	160 000	
10	物资堆存区	一期预制场内	100 m×160 m	1	16 000	
11	混凝土骨料备料区	一期预制场附近	500 m×260 m	1	130 000	
合计				15	448 800	

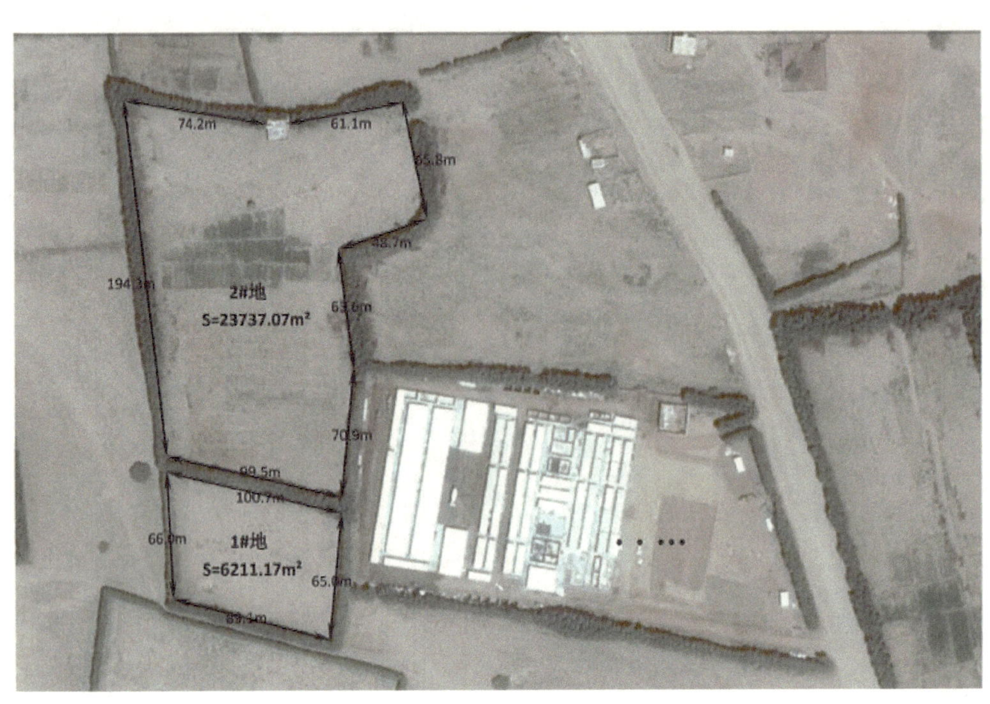

图 3-2　生活营区位置卫星图

3.3.2　项目总体施工思路

结合开工和完工日期以及与设计配合的时间安排制订进度计划、设置关键路线，同时制定现场结构施工的具体实施方法，对各个分项的工法及工序安排做出详细布置。

3.3.3　总体施工流程

总体施工流程如图 3-3 所示。

3.3.4　主要工序施工方案

按照结构部位、主要工序汇总出各个分项的具体施工方案。

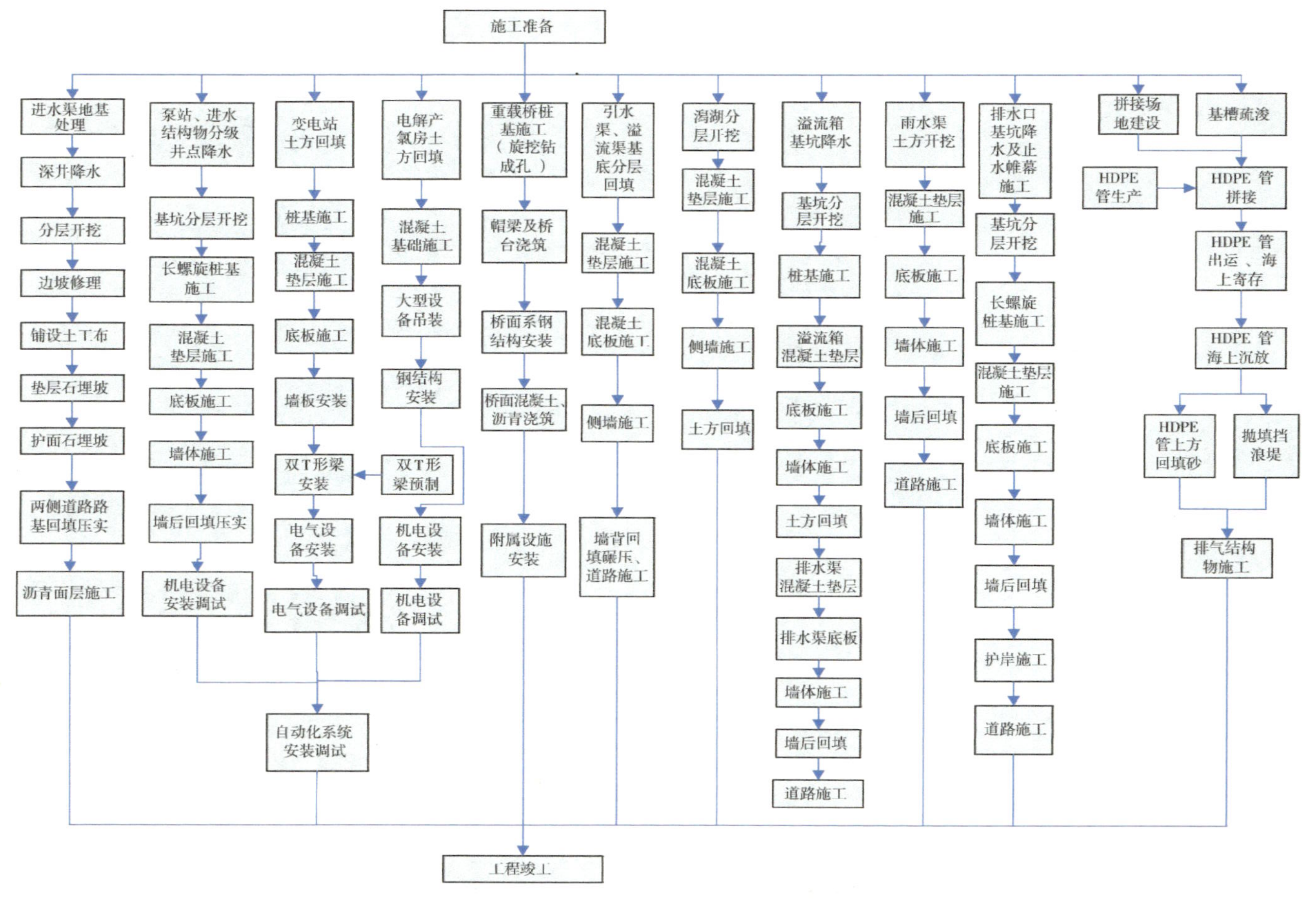
施工准备
进水渠地基处理
深井降水
分层开挖
边坡修理
铺设土工布
垫层石埋坡
护面石埋坡
两侧道路路基回填压实
沥青面层施工
泵站、进水结构物分级井点降水
基坑分层开挖
长螺旋桩基施工
混凝土垫层施工
底板施工
墙体施工
墙后回填压实
机电设备安装调试
变电站土方回填
桩基施工
混凝土垫层施工
底板施工
墙板安装
双T形梁安装
电气设备安装
电气设备调试
电解产氯房土方回填
混凝土基础施工
大型设备吊装
钢结构安装
双T形梁预制
机电设备安装
机电设备调试
自动化系统安装调试
重载桥桩基施工（旋挖钻成孔）
帽梁及桥台浇筑
桥面系钢结构安装
桥面混凝土、沥青浇筑
附属设施安装
引水渠、溢流渠基底分层回填
混凝土垫层施工
混凝土底板施工
侧墙施工
墙背回填碾压、道路施工
泻湖分层开挖
混凝土垫层施工
混凝土底板施工
侧墙施工
土方回填
溢流箱基坑降水
基坑分层开挖
桩基施工
溢流箱混凝土垫层
底板施工
墙体施工
土方回填
排水渠混凝土垫层
排水渠底板
墙体施工
墙后回填
道路施工
雨水渠土方开挖
混凝土垫层施工
底板施工
墙体施工
墙后回填
道路施工
排水口基坑降水及止水帷幕施工
基坑分层开挖
长螺旋桩基施工
混凝土垫层施工
底板施工
墙体施工
墙后回填
护岸施工
道路施工
拼接场地建设
基槽疏浚
HDPE管生产
HDPE 管拼接
HDPE 管出运、海上寄存
HDPE 管海上沉放
HDPE管上方回填砂
抛填挡浪堤
排气结构物施工
工程竣工

图 3-3 总体施工流程

3.4 项目风险及控制措施分析

3.4.1 工程施工风险

根据前期准备工作中设计和施工方给出的信息，从工程施工、技术风险、施工组织风险、人员组织风险等角度出发，结合合同条款对潜在的施工困难和风险进行识别并给出具体对策。

3.4.2 安全管理风险

对项目进行过程中会出现和可能出现的危险源进行识别，对风险系数给予评估，同时给出预防风险和提高安全指数的具体对策。

沙特吉赞经济城商业港项目——北码头全景

3.5 合同中规定提交物的准备

合同中有较多条款，要求开工 30 天内或者 60 天内提交。故需要提前将提交的文件进行梳理，形成 30 天提交物列表及 60 天提交物列表，安排专人负责编制和跟进，确保按时提交，保证编写质量。

沙特吉赞疏浚吹填项目——人工岛陆域吹填施工过程

第 4 章　进度管理

4.1　进度管理要求

项目进度管理是工程项目管理“三控”(控制进度、质量、成本)之一。进度管理的目标是通过各种控制措施,确保本项目各节点任务及最终完工交付均在合同要求的时间范围内。对于 EPC 项目而言,进度管理包括设计进度、采购进度、施工进度和系统调试进度等多方面。

项目进度管理与项目履约息息相关,项目进度计划具有很强的严肃性。一旦编制确定,就要严格执行和密切监控,不可轻易改动,尤其是像沙特吉赞取排水口这样的沙特阿美标准下的 EPC 项目。由于相邻承包商接口多、合同内专业门类众多,以及分包合作单位之间的协调,所以牵一发而动全身,需要各方人员具有很强的协调控制能力和执行力。

沙特阿美项目合同条款对进度管理的要求是完善、具体的。关于进度管理,沙特阿美合同中主要在以下章节中进行了约定:

Schedule A 第 8 节“工作进度计划及进展报告(Work Schedule and Progress Report)”;

Schedule A 第 9 节“工作启动、执行和完成(Work Commencement,Execution and Completion)”;

Schedule A 第 22 节“进度计划重启(Schedule Recovery)”;

Schedule A 第 23 节“工作暂停(Suspension of Work)”;

Schedule B 第 3.8 节“接口协调(Interface Coordination)”;

Schedule B 中附件Ⅱ“里程碑节点工期(Critical Milestone Dates)”。

进度管理流程如图 4-1 所示。结合中国港湾沙特吉赞取排水口项目的相关合同条款、实际执行经验，现对沙特阿美体系下进度管理的要点进行简要阐述。

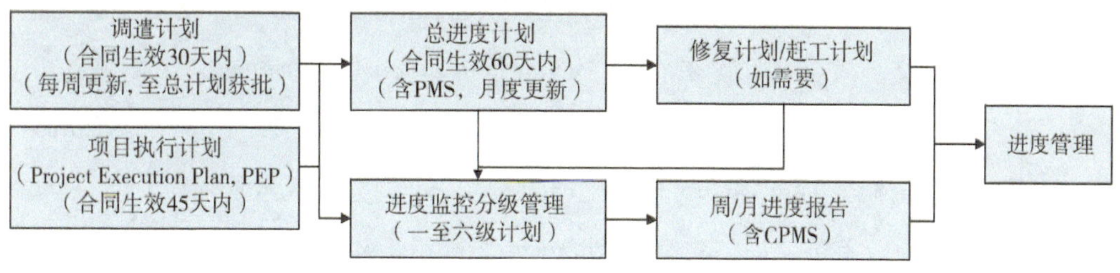

图 4-1　进度管理流程

4.1.1　进度管理相关要求

4.1.1.1　项目节点要求

在 Schedule B 附件Ⅱ“里程碑节点工期(Critical Milestone Dates)”中，沙特阿美对项目各个节点工期及其内容做了明确要求。以沙特吉赞取排水口项目为例，主要节点包括：

(1) 自合同生效 90 天开始现场调遣(Milestone 1)；

(2) 120 天完成现场临设(Milestone 3)；

(3) 180 天完成现场准备(Milestone 4)；

(4) 731 天完成水下 HDPE 排水管安装(Milestone 9、10)；

(5) 765 天完成进水渠、进水泵站、进水结构物、地上渠(引水渠、过水渠、排水渠和排洪渠)和潟湖、消能池等各个渠段的土建结构施工(Milestone 5、6、7、8)；

(6) 765 天完成变电站供电(Milestone 11)；

(7) 765 天完成通信控制系统(Milestone 12)；

(8) 765 天最终机械完工(Milestone 13，Achieve Final Mechanical Completion)；

(9) 825 天项目完工(Milestone 14，Project Completion)。

项目管理过程中，需注意合同中对上述里程碑节点工期的内容定义，掌握其实际确切含义。

需要注意的是，上述节点有一个“最终机械完工(Achieve Final Mechanical Completion)”。沙特阿美作为传统的石油和炼化企业，沿用了国际石化项目领域的

一些专有术语名词(与水运工程领域不同),一般完工阶段分为:机械完工(Mechanical Completion,结构及设施完工)、实体完工(Substantial Completion,结构性建设完工包括土建和设备系统)、性能考核完工(Completion of Performance Test,联调联试)、最终完工(Final/Project Completion,开始计算保修期)、商业运行(Business Operation)。具体到各个项目,以上节点的具体含义可能会有所区别,需根据具体项目具体分析。一般来讲,机械完工(Mechanical Completion)包括机电设备的安装和预调试(Pre-commissioning),允许有未完成项(Punch List),后续可逐项关闭,而土建结构施工应提前完成以满足设备安装要求。

对于本项目来说,主要土建施工完工、通信控制系统以及机械完工的节点时间均为开工后 765 天,但实际上,765 天的项目状态相当于实体完工(Substantial Completion)。出于严谨考虑,由于土建完工节点已在其他单个节点中得到了体现,所以下文仍将"Mechanical Completion"单个节点译为机械完工(机电等部分安装及调试完成),而对 765 天的完工状态则称为实体完工(Substantial Completion)。在 765 天,项目处于实际上的实体完工状态,现场临设具备可以拆除的条件,在 825 天完成项目资料的移交和现场临设的拆除。

4.1.1.2 进度管理文件

计划准备:承包商应采用沙特阿美认可的计划软件编制计划(一般要求使用 Primavera P6),计划应体现关键路径(CPM)。

调遣计划:合同生效 30 天内,承包商应提交调遣计划,计划应体现合同生效日起 120 个日历天以内的主要活动。该计划应每周更新,直到业主代表批准总进度计划(Work Schedule)。

总进度计划(Work Schedule):

(1) 计划的编制和提交:合同生效 60 天内,承包商应提交总进度计划。该计划应包括人员设备和材料的工程量等资源、设计、采购和施工等方面的详细工作。计划应有逻辑性,体现明晰的关键路径(最小浮时),能详细体现承包商如何计划和组织工作。承包商应在现场开工前至少 120 天编制该计划,并编制计划网络图。该计划应至少保持每月更新,在进度滞后时承包商自行或应沙特阿美代表的要求进行更新。承包商的进度计划/报告文件主要有:

①以关键路径横道图的形式体现主要工序。任务列表应足够完整,并征得沙特

阿美代表的批准。承包商应将计划中持续时间大于 25 个日历天的工作任务分解到足够详细的程度(一般 7～10 天)。

②以列表形式体现以下内容:任务编号、任务描述、类别、部位结构、计划及剩余工期、最早和最迟的开始和完成日期、总浮时、完成百分比、计划人工时,以及其他的资源、前置任务和后置任务等逻辑关系。

③关键路径网络图和关键路径条形图:应包括关键路径的边界约束条件和计划假定依据,体现主要节点工期。

④节点计划:以横道图形式展示,体现计划的(合同确定的)、调整后的(业主变更确定的)和预计的(当前预测的)主要节点的时间和机械完工时间,以及各个节点目前的提前/滞后状态(以+/-来表示)。

⑤资源计划。

⑥月度计划:阐述每月的实际进度情况、承包商的着眼点、进度滞后情况和解决措施、计划下月完成情况。

(2) 进度计划的审批:总进度计划应基于里程碑节点工期和机械完工时间,并应每月更新并提交沙特阿美查阅,以便于准确反映实际和计划的对比,总进度计划应包括变更指令及其影响。承包商应在收到沙特阿美的审核意见 15 个日历天以内进行回复,回复文件应包括修改完善后的计划和详细文字回复。沙特阿美的审阅及意见不应被视为放弃其合同中关于节点工期和机械完工时间的索赔等相关权利(编者注:此举给承包商工期索赔设置了一定的障碍)。

(3) 进度计划的更新:如果承包商未按照合同 Schedule A 第 8 节的相关条款要求及时提交和更新进度计划,沙特阿美有权扣留承包商当期应付进度款,直到承包商落实解决。

(4) 进度计划的执行:承包商应按照沙特阿美最新批准版本的进度计划执行。该进度计划应作为进度报告、进度控制和计划展望的基础。

(5) 支撑性文件:应沙特阿美的要求,承包商应提供进度计划的计算、编制说明等相关支撑性材料。

4.1.1.3 赶工计划

1. 承包商赶工计划(Contractor Directed Schedule Recovery)

在不限制或不侵害承包商合同约定的责任和(或)义务(编者注:此处无"rights"

即无权利)情况下,如果出现里程碑节点工期或机械完工时间可能无法按计划实现或者没能按计划实现等进度滞后的情况,承包商应采取各种措施加快施工速度,相关费用由承包商自行承担:

(1) 投入额外的职员和劳工;

(2) 延长工作时间和增加作业班次;

(3) 投入额外的工具和机械设备;

(4) 采用空运形式运输相关材料;

(5) 使用更高规格等级的材料和技术指标(应得到批准)。

2. 矫正计划(Corrective Action Plan)

在项目进展过程中的任何时间,如果沙特阿美合理推断(编者注:沙特阿美合同多处出现"合理推断"等字眼,需注意业主对此享有的解释权)认为,由于项目进度滞后导致任何里程碑节点工期或者机械完工时间无法按照原来预定时间完成,那么沙特阿美将要求承包商编制矫正计划并提供详细的相关支持文件,包括承包商如何按照原定时间完成节点工期和(或)机械完工时间,该计划应征得沙特阿美的同意,并应遵守以下要求:

(1) 承包商应(任何情况下在收到沙特阿美通知的 10 日内)准备并提交一份矫正计划(应包括滞后的原因、矫正计划、基于矫正措施的进度预期情况),供沙特阿美审批;

(2) 如果沙特阿美要求承包商对矫正计划初稿进行修改,承包商应与沙特阿美商议并在收到修改意见的 5 日内修改完善和重新提交新版计划;

(3) 上述(2)款内容可能会出现多次反复,直到沙特阿美批准;

(4) 承包商应按照沙特阿美批准的矫正计划执行,风险和费用以及额外的补偿均由承包商自行承担;

(5) 如果沙特阿美合理推断认为承包商明显无法按照上述矫正计划保证里程碑节点工期或者机械完工时间,那么沙特阿美将会要求承包商提交新版的矫正计划,并按照上述条款进行审批和执行。关于"合理推断"的界定,实际上存在较大的模糊性。

3. 沙特阿美介入赶工(Saudi Aramco Supplementation)

在不限制或不侵害承包商合同约定的责任和(或)义务(编者注:此处无"rights"即无权利)情况下,如果出现里程碑节点工期或机械完工时间可能无法按计划实现等进度滞后的情况，在书面通知14日后，沙特阿美可能会自行组织额外的人员、劳动力和设备来补充承包商的资源，相应的费用由承包商承担。承包商应接受沙特阿美的上述做法并自行承担风险。承包商应充分使用这些资源来最大限度地加快进度，从而避免相关工作进一步延误。

4.1.1.4 延期罚款

一般工程总承包合同中都会有工期延期罚款，而在目前版本的沙特阿美合同中对此未做出明确约定(不排除后续新版沙特阿美合同增补该项内容的可能性)。

然而，这并不意味着合同对承包商放松要求，合同各项条款都对承包商的责任和义务做了详尽而严格的规定。在沙特承包商市场，沙特阿美作为主要的大业主单位，占据强势地位，如果承包商工期履约表现较差，将直接影响后续经营工作，意味着承包商难以再从沙特阿美手中获得项目甚至被列入黑名单。同时，沙特阿美也很可能从本来就对承包商有各种苛刻限制的合同条款着手对承包商进行“刁难”，承包商在施工组织、过程验收、文件报批以及商务问题等各项工作中将面临重重障碍。所以无罚款条款的沙特阿美合同，并不意味着承包商因此而降低了相关风险，承包商仍要全面评估项目管理成本、后续经营等方面的影响，采取科学合理的决策安排，妥善安排项目进度。

4.1.2 进度管控的相关要求

4.1.2.1 开工、执行和完工

1. 承包商应按期完工(Perform Work on Time)

(1) 承包商应在合同生效日就开工。在收到业主代表的按相关合同约定下发的继续施工的通知后，承包商应迅速进行后续施工。承包商应积极组织并按合同工期完成施工内容。

(2) 承包商应按照上述要求执行(除非有豁免条款)，否则将视为实质违约；但如果承包商在3个日历天内提交了更新计划和资源配置计划，且得到沙特阿美批准，同时承包商在沙特阿美批准后的7个日历天内遵守上述已批准的计划，则未能实现的里程碑节点工期不被视为实质违约。

2. 延误告知义务(Notification of Delays)

承包商应提前5天将有可能影响到完工时间、节点时间或者计划机械完工时间的重要事件以书面形式告知沙特阿美，提前时间应为：

(1) 承包商意识到上述情况出现的时间；

(2) 经合理推断承包商应意识到(合同中多处出现类似字眼)上述情况出现的时间。

在书面告知信中，承包商应对延误或可能出现的延误做出详细的说明，包括：

(1) 由于延误或可能出现的延误对里程碑节点工期和(或)预定机械完工时间带来的延期；

(2) 承包商拟采取的遵照进度计划满足合同工期的补救措施。

如果承包商未能按照上述条款要求，承包商将被视为放弃延长工期或基于本合同任何形式的额外补偿的权利。

3. 工期延期(Extension of Time)

(1) 在承包商遵守上述“延误通知”的情况下，里程碑节点工期和预定机械完工时间只有在以下情况下才能进行调整：不可抗力因素导致的，或者按合同约定是沙特阿美应当负责的。

(2) 里程碑节点工期和机械完工时间，应按照上一条内容的要求，进行有充分依据的延期调整。根据合同 Schedule A 第 20.2.1 节，承包商必须及时采取措施来减小进度滞后对里程碑节点工期和预定机械完工时间的影响。

(3) 如果有延期，则应满足 Schedule A 第 9.2 节的要求：里程碑节点工期的调整由变更指令确定，机械完工工期的调整由补充协议确定。

4. 机械完工(Mechanical Completion)

(1) 当所有的土建和机电系统及各个组成部分满足以下条件时，视为机械完工：

①设施设备或其组成部分，和合同要求保持严格一致，并按要求完成所有的检查、测试和预调试。

②承包商完成所有不合格项的修复，完工前置条件已修复，不合格报告(Non-conformance Report)均已得到解决并达到沙特阿美的要求。

③设施设备已准备好进行调试或使用，在沙特阿美需要的情况下能够安全运行。

④包括备件、手册、文档在内的设备正常运行所需要的所有材料已经提供，包括但不限于红线图、竣工图、文档和备件数据。

⑤所有的功能和电源系统均处于可运转状态。

⑥施工现场工完场清，满足沙特阿美的设备运行和通道要求。

⑦沙特阿美已出具内部机械完工证书(Internal Mechanical Completion Certification，即内部 MCC）。

（2）在机械完工计划完成日期前至少 30 天，承包商应告知业主代表计划完成日期。当承包商认为已机械完工，沙特阿美将对实体设施进行检查验收。如果沙特阿美认为前款所提到的机械完工的条件都已满足，那么沙特阿美将开具机械完工接收证书（Mechanical Completion Acceptance Notice，即 MCAN），MCAN 开具日期将被视为机械完工日期。

（3）如果承包商的实际工作与合同要求不符，沙特阿美将通知承包商，告知其存在的缺陷。承包商应迅速予以补救处理，一切风险和费用由承包商自行承担。上述步骤可能会多次反复，直至沙特阿美出具 MCAN 或者另有书面通知。

（4）沙特阿美有权利出具带有缺陷清单的 MCAN。在这种情况下，承包商应及时对不合格项进行补救处理，一切风险和费用由承包商自行承担。当沙特阿美将某些不合格项视为试运行的必备前置工作时，承包商应首先完成这些不合格项的修复工作。

（5）MCAN 的开具，并不能减轻合同中承包商的任何义务或责任，包括必要时的二次调遣进场，以及对不合格项的修复，而且得不到沙特阿美的任何费用补偿，也不排除沙特阿美新增加不合格项的可能性（应注意不合格项清单的不断扩大问题，在实际中应与业主协商并对业主构成一定约束）。

4.1.2.2 暂停

1. 沙特阿美要求暂停（Saudi Aramco May Suspend）

沙特阿美可能在任何时间、没有任何理由的情况下，通过事先书面告知停工部位和停工生效日期的方式，叫停承包商全部或部分施工。承包商应按要求在停工生效日期暂停相应部位的施工，但是不在停工范围的部分可不受影响而继续进行。承包商应采取一切必要的行动去维持和保护暂停的施工。沙特阿美不会对暂停期间停工部分造成的预期的利润损失、任何破坏和其他一切费用损失而承担责任。当有确切依据证明沙特阿美的暂停要求毫无理由时，沙特阿美应给予承包商合理的、可审计追溯的费用，具体包括：

（1）对施工活动、正在运往现场或已经到场的材料设备采取保护措施而发生的费用；

（2）应沙特阿美的要求，承包商或分包商的人员、设备继续留在现场而产生的费用；

(3) 暂停工作和重新集中人员、设备所产生的其他合理的、不可避免的费用。

2. 工作重启(Resumption of Work)

沙特阿美可能随时通过书面通知的方式告知承包商批准其恢复全部或部分暂停的施工内容和恢复时间。在收到上述书面通知后,承包商应迅速地恢复原来暂停的施工。随后沙特阿美将依据 Schedule A 第 10 章节的条款发起变更指令,对机械完工计划时间、里程碑节点工期进行调整,如符合上述约定,沙特阿美将对承包商由于暂停而导致的费用损失进行补偿。

4.1.2.3 接口管理计划

在沙特阿美 EPC 项目中,接口(Interface)工作是很重要的工作,在 Schedule B 第 3.8 节"接口协调(Interface Coordination)"中有具体阐述。应沙特阿美代表的要求,承包商应指定一名接口经理(协调员),负责承包商与沙特阿美以及其他承包商之间的所有接口沟通。在总进度计划中,应明确包括和识别所有的接口信息点。同时,承包商还应在合同生效 60 天内提交一份接口协调计划。合同中将接口管理的主要责任放在承包商方面。根据之前项目的经验,承包商应充分利用合同条款,在基准计划(Baseline Schedule)中,充分体现承包商对接口的需求计划,以便于日后可能的工期索赔乃至费用索赔。接口管理流程如图 4-2 所示。

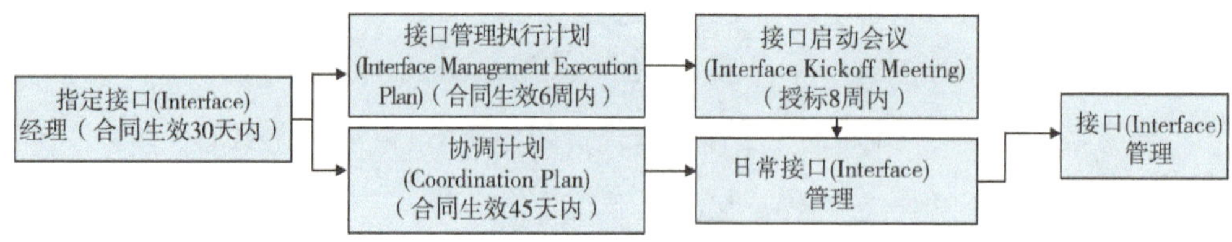

图 4-2 接口管理流程

根据吉赞项目群实际管理经验,接口管理工作需注意做好以下几个方面:

(1) 从 FEED 层面即注意划分与相关承包商的工作范围,与设计部门一起,界定清楚,尽可能消除模糊不清的部分,避免遗漏细节。

(2) 细化设计阶段,注意与相关承包商及时确认信息,要求其通过正式的渠道进行确认,注意保留正式确认信函。

(3) 注意做好接口(Interface)管理台账,整理完善时间轴资料,注意相关材料的有效性和逻辑关系的完整性。

4.2 进度管理要点

4.2.1 计划编制要点

4.2.1.1 计划分级

根据沙特阿美 EPC 项目实际，总进度实行计划分级管理，主要为：

（1）一级进度计划——节点计划：总进度计划首先应体现沙特阿美合同 Schedule B 附件Ⅱ“里程碑节点工期（Critical Milestone Dates）”中的各个节点。

（2）二级进度计划——接口管理计划：阐述对业主和其他承包商的相关接口信息节点要求，作为一级进度计划的支撑和三级进度计划的基础；由接口经理牵头编写，施工经理会同总工程师作为支持团队。

（3）三级进度计划——设计、采购、施工、预调试等部分的总体计划完成时间；由设计经理、采购经理、施工经理分别组织编制，依据合同节点，确定各主体结构的逻辑关系和完成时间。

（4）四级进度计划——在三级进度计划的基础上进行细化，编制 6 个月和季度（3 个月）滚动计划，由设计管理、采购管理、施工管理等负责人主持编制。

（5）五级进度计划——月度（滚动）计划，在四级进度计划的基础上，由设计、采购、施工等部门分别组织编制，在四级进度计划基础上进行细化，以月度为单位进行监控管理。

（6）六级进度计划——周进度滚动计划，由分项具体负责人及专业分包队伍进行细化编制，以周为单位进行监控管理。

以上各级进度计划应与合同要求工期保持一致。

4.2.1.2 工作任务与关键路线

总进度计划中应明确体现关键路线（可以有多个关键路线），绘制关键路线网络图，同时应体现关键路线上的关键工序，提出工期保证措施。

为便于进度监控管理，沙特阿美要求将持续时间大于 25 个日历天的工作任务汇总提交沙特阿美，业主可能会要求将大于 25 个日历天的工作任务进行必要的分解，以达到足够详细的程度。也就是主要工作任务均要分解到六级进度计划层面，一般子任务分解控制在 7 天左右。

4.2.1.3 资源与权重

按照沙特阿美要求，总进度计划应加入计划人工时和其他的资源。为便于日常维护管理，根据沙特阿美项目的特殊情况及沙特阿美项目团队的要求，本项目采取的是加入计划人工时的方式而没有采用挣值法，例如施工部分，编制整理出施工进度权重计量系统(Construction Progress Measurement System，即 CPMS)，详细表述计划任务的代码、任务名称、工期、计划开始/完成时间、预期工时、权重/子项权重、实际开始/完成日期、完成百分比、已完成工时、已完成权重等信息。总进度计划工时权重如表 4-1 所示。总进度计划加入工时资源图如图 4-3 所示。

表 4-1 总进度计划工时权重表

<table>
<tr><th colspan="2">序号</th><th>主要项目</th><th>计划人工时</th><th>工时权重(%)</th><th>修正后权重(%)</th></tr>
<tr><td colspan="2">1</td><td>工程(Engineering)</td><td></td><td>1.19</td><td>2.39</td></tr>
<tr><td colspan="2">2</td><td>采购(Procurement)</td><td></td><td>0.61</td><td>33.46</td></tr>
<tr><td colspan="2">3</td><td>施工(Construction)</td><td></td><td>96.97</td><td>63.78</td></tr>
<tr><td rowspan="2">4</td><td>4.1</td><td>预委托(Pre-commissioning)</td><td></td><td>0.66</td><td rowspan="2">0.37</td></tr>
<tr><td>4.2</td><td>移交(Handover)</td><td></td><td>0.57</td></tr>
<tr><td colspan="3">小计</td><td></td><td>100</td><td>100</td></tr>
</table>

作业代码	作业名称	原定工期	尚需工期	开始	完成	总浮时	作业状态	计划完成百分比	预算工时数	实际工时数	工时数完成百分比
IGCC-6	JAZAN IGCC SEA WATER SYSTEM (IGCC6)	1191d	421d	2014-06-25 A	2017-10-27	0d		0%			60.2%
IGCC-6.4	PROJECT MILESTONES	1191d	402d	2014-06-25 A	2017-10-27	-88d		0%			0%
IGCC-6.1	ENGINEERING	720d	61d	2014-06-25 A	2016-11-01	360d		0%			98.47%
IGCC-6.2	PROCUREMENT	1042d	312d	2014-09-18 A	2017-07-10	109d		0%			64.99%
IGCC-6.3	CONSTRUCTION	1150d	421d	2014-09-04 A	2017-10-27	0d		0%			60.46%
IGCC-6.16	PRE-COMMISSIONING	61d	61d	2017-08-27	2017-10-27	-88d		0%			0%
IGCC-6.17	HANDOVER	60d	60d	2017-08-28	2017-10-27	-88d		0%			0%

图 4-3 总进度计划加入工时资源图

根据实际执行过程中的经验，基于上述人工时资源而得出的 Engineering、Procurement、Construction 等部分的完成百分比，会出现与实际的产值金额存在较大出入的情况，导致进度计划中的进度百分比不能反映真实进度(与产值进度产生差异)，须进行相应修正。根本原因在于沙特阿美项目的计量基准(Payment Basis)往往会将前期工程量对应的产值压低，而后期则较大，即承包商真实成本与产值进度

不是匀速线性关系。为此，建议采取以下途径进行修正和解决：

（1）编制计划之初，基于 EPC 各部分的整体合同价，整体上分配与造价权重相适应的总工时数。基于工程量、单价或总价（视合同类型），对工作任务（设计子项、采购子项、各施工分项）分配相适应的计划工时数量，以尽可能地使进度百分比与造价金额相适应。

（2）对于总价合同，出于商务垫资和收款的角度考虑，可对各部分的计划工时数进行相应调整（需与业主沟通并得到批准），以配合及时收款。

（3）根据吉赞项目群的实际经验，沙特阿美往往会刻意将前期相关工作的权重比例调低，以压低承包商的前期进度款的资金回收。承包商应尽力争取将前期相关工作的权重调高，为项目争取足够的现金流，缓解项目资金压力。施工进度权重分配（CPMS）如图 4-4 所示。

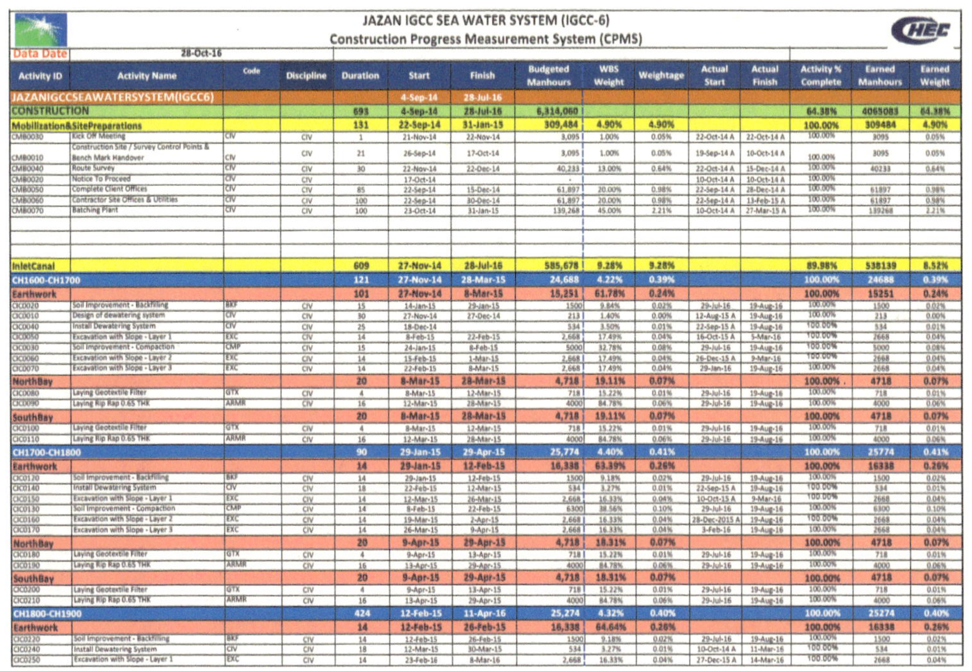

JAZAN IGCC SEA WATER SYSTEM (IGCC-6)
Construction Progress Measurement System (CPMS)

Data Date 28-Oct-16

Activity ID	Activity Name	Code	Discipline	Duration	Start	Finish	Budgeted Manhours	WBS Weight	Weightage	Actual Start	Actual Finish	Activity % Complete	Earned Manhours	Earned Weight
JAZANIGCCSEAWATERSYSTEM(IGCC6)					4-Sep-14	28-Jul-16								
CONSTRUCTION				693	4-Sep-14	28-Jul-16	6,314,060					64.38%	4065083	64.38%
Mobilization&SitePreparations				131	22-Sep-14	31-Jan-15	309,484	4.90%	4.90%			100.00%	309484	4.90%
CMB0030	Kick Off Meeting	CIV	CIV	1	21-Nov-14	22-Nov-14	3,095	1.00%	0.05%	22-Oct-14 A	22-Oct-14 A	100.00%	3095	0.05%
CMB0010	Construction Site / Survey Control Points & Bench Mark Handover	CIV	CIV	21	26-Sep-14	17-Oct-14	3,095	1.00%	0.05%	19-Sep-14 A	10-Oct-14 A	100.00%	3095	0.05%
CMB0040	Route Survey	CIV	CIV	30	22-Nov-14	22-Dec-14	40,233	13.00%	0.64%	22-Oct-14 A	15-Dec-14 A	100.00%	40233	0.64%
CMB0020	Notice To Proceed	CIV	CIV		17-Oct-14		-			10-Oct-14 A	10-Oct-14 A	100.00%		
CMB0050	Complete Client Offices	CIV	CIV	85	22-Sep-14	15-Dec-14	61,897	20.00%	0.98%	22-Sep-14 A	28-Dec-14 A	100.00%	61897	0.98%
CMB0060	Contractor Site Offices & Utilities	CIV	CIV	100	22-Sep-14	30-Dec-14	61,897	20.00%	0.98%	22-Sep-14 A	13-Feb-15 A	100.00%	61897	0.98%
CMB0070	Batching Plant	CIV	CIV	100	23-Oct-14	31-Jan-15	139,268	45.00%	2.21%	10-Oct-14 A	27-Mar-15 A	100.00%	139268	2.21%
InletCanal				609	27-Nov-14	28-Jul-16	585,678	9.28%	9.28%			89.98%	538139	8.52%
CH1600-CH1700				121	27-Nov-14	28-Mar-15	24,688	4.22%	0.39%			100.00%	24688	0.39%
Earthwork				101	27-Nov-14	8-Mar-15	15,251	61.78%	0.24%			100.00%	15251	0.24%
CIC0020	Soil Improvement - Backfilling	BKF	CIV	15	14-Jan-15	29-Jan-15	1500	9.84%	0.02%	29-Jul-16	19-Aug-16	100.00%	1500	0.02%
CIC0010	Design of dewatering system	CIV	CIV	30	27-Nov-14	27-Dec-14	213	1.40%	0.00%	12-Aug-15 A	19-Aug-16	100.00%	213	0.00%
CIC0040	Install Dewatering System	CIV	CIV	25	18-Dec-14		534	3.50%	0.01%	22-Sep-15 A	19-Aug-16	100.00%	534	0.01%
CIC0050	Excavation with Slope - Layer 1	EXC	CIV	14	8-Feb-15	22-Feb-15	2,668	17.49%	0.04%	16-Oct-15 A	5-Mar-16	100.00%	2668	0.04%
CIC0030	Soil Improvement - Compaction	CMP	CIV	15	24-Jan-15	8-Feb-15	5000	32.78%	0.08%	29-Jul-16	19-Aug-16	100.00%	5000	0.08%
CIC0060	Excavation with Slope - Layer 2	EXC	CIV	14	15-Feb-15	1-Mar-15	2,668	17.49%	0.04%	26-Dec-15 A	9-Mar-16	100.00%	2668	0.04%
CIC0070	Excavation with Slope - Layer 3	EXC	CIV	14	22-Feb-15	8-Mar-15	2,668	17.49%	0.04%	29-Jan-16	19-Aug-16	100.00%	2668	0.04%
NorthBay				20	8-Mar-15	28-Mar-15	4,718	19.11%	0.07%			100.00%	4718	0.07%
CIC0080	Laying Geotextile Filter	GTX	CIV	4	8-Mar-15	12-Mar-15	718	15.22%	0.01%	29-Jul-16	19-Aug-16	100.00%	718	0.01%
CIC0090	Laying Rip Rap 0.65 THK	ARMR	CIV	16	12-Mar-15	28-Mar-15	4000	84.78%	0.06%	29-Jul-16	19-Aug-16	100.00%	4000	0.06%
SouthBay				20	8-Mar-15	28-Mar-15	4,718	19.11%	0.07%			100.00%	4718	0.07%
CIC0100	Laying Geotextile Filter	GTX	CIV	4	8-Mar-15	12-Mar-15	718	15.22%	0.01%	29-Jul-16	19-Aug-16	100.00%	718	0.01%
CIC0110	Laying Rip Rap 0.65 THK	ARMR	CIV	16	12-Mar-15	28-Mar-15	4000	84.78%	0.06%	29-Jul-16	19-Aug-16	100.00%	4000	0.06%
CH1700-CH1800				90	29-Jan-15	29-Apr-15	25,774	4.40%	0.41%			100.00%	25774	0.41%
Earthwork				14	29-Jan-15	12-Feb-15	16,338	63.39%	0.26%			100.00%	16338	0.26%
CIC0120	Soil Improvement - Backfilling	BKF	CIV	14	29-Jan-15	12-Feb-15	1500	9.18%	0.02%	29-Jul-16	19-Aug-16	100.00%	1500	0.02%
CIC0140	Install Dewatering System	CIV	CIV	18	22-Feb-15	12-Mar-15	534	3.27%	0.01%	22-Sep-15 A	19-Aug-16	100.00%	534	0.01%
CIC0150	Excavation with Slope - Layer 1	EXC	CIV	14	12-Mar-15	26-Mar-15	2,668	16.33%	0.04%	10-Oct-15 A	9-Mar-16	100.00%	2668	0.04%
CIC0130	Soil Improvement - Compaction	CMP	CIV	14	8-Feb-15	22-Feb-15	6300	38.56%	0.10%	29-Jul-16	19-Aug-16	100.00%	6300	0.10%
CIC0160	Excavation with Slope - Layer 2	EXC	CIV	14	19-Mar-15	2-Apr-15	2,668	16.33%	0.04%	28-Dec-2015 A	19-Aug-16	100.00%	2668	0.04%
CIC0170	Excavation with Slope - Layer 3	EXC	CIV	14	26-Mar-15	9-Apr-15	2,668	16.33%	0.04%	3-Feb-16	19-Aug-16	100.00%	2668	0.04%
NorthBay				20	9-Apr-15	29-Apr-15	4,718	18.31%	0.07%			100.00%	4718	0.07%
CIC0180	Laying Geotextile Filter	GTX	CIV	4	9-Apr-15	13-Apr-15	718	15.22%	0.01%	29-Jul-16	19-Aug-16	100.00%	718	0.01%
CIC0190	Laying Rip Rap 0.65 THK	ARMR	CIV	16	13-Apr-15	29-Apr-15	4000	84.78%	0.06%	29-Jul-16	19-Aug-16	100.00%	4000	0.06%
SouthBay				20	9-Apr-15	29-Apr-15	4,718	18.31%	0.07%			100.00%	4718	0.07%
CIC0200	Laying Geotextile Filter	GTX	CIV	4	9-Apr-15	13-Apr-15	718	15.22%	0.01%	29-Jul-16	19-Aug-16	100.00%	718	0.01%
CIC0210	Laying Rip Rap 0.65 THK	ARMR	CIV	16	13-Apr-15	29-Apr-15	4000	84.78%	0.06%	29-Jul-16	19-Aug-16	100.00%	4000	0.06%
CH1800-CH1900				424	12-Feb-15	11-Apr-16	25,274	4.32%	0.40%			100.00%	25274	0.40%
Earthwork				14	12-Feb-15	26-Feb-15	16,338	64.64%	0.26%			100.00%	16338	0.26%
CIC0220	Soil Improvement - Backfilling	BKF	CIV	14	12-Feb-15	26-Feb-15	1500	9.18%	0.02%	29-Jul-16	19-Aug-16	100.00%	1500	0.02%
CIC0240	Install Dewatering System	CIV	CIV	18	12-Mar-15	30-Mar-15	534	3.27%	0.01%	10-Oct-14 A	11-Mar-16	100.00%	534	0.01%
CIC0250	Excavation with Slope - Layer 1	EXC	CIV	14	23-Feb-16	8-Mar-16	2,668	16.33%	0.04%	27-Dec-15 A	14-Mar-16	100.00%	2668	0.04%

图 4-4　施工进度权重分配（CPMS）

4.2.2 进度监控与预警

4.2.2.1 总进度监控

1. 进度百分比分析法

基于"CPMS"总进度计划和根据实际进度录入数据，得出 EPC 各部分和总进度完成百分比数据，将其与计划值进行比较。总进度计算如表 4-2 所示。EPC 进度柱状图如图 4-5 所示。

表 4-2 总进度计算表

序号		主要项目	上周期累计值(%)	本周期累计值(%)	本周期进度(%)
			2016-09-09	2016-09-16	
1		工程(Engineering)	98.61	98.64	0.03
2		采购(Procurement)	65.08	65.58	0.50
3		施工(Construction)	60.94	61.42	0.48
4	4.1	预委托(Pre-commissioning)	0.00	0.00	0.00
	4.2	移交(Handover)			
加权计算结果			63.00	63.47	0.47

2. 产值分析法

定期(月度、季度、年度)产值计划和实际完成情况的对比可作为项目进度的参考。

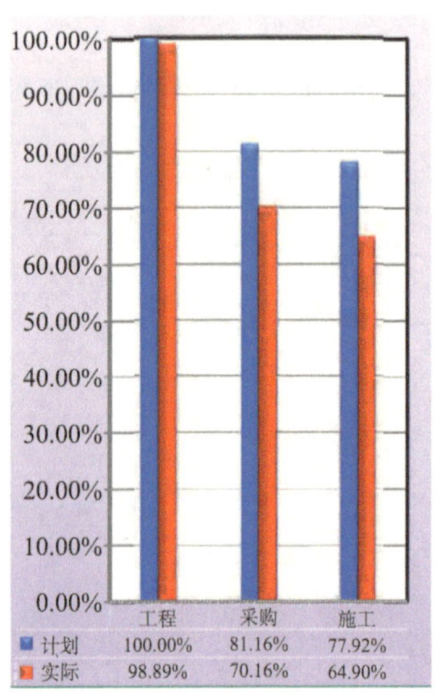

图 4-5 EPC 进度柱状图

4.2.2.2 设计进度监控

对 EPC 项目而言，设计是龙头，与采购工作密切相关，又直接影响施工工作的开展。根据总进度计划的设计部分计划，细化各专业各阶段的设计计划，以设计交付物的推进阶段为形象进度。日常工作可通过设计采购沟通会、设计施工配合会等形式推进设计进展，密切跟踪监控设计进度，对关键路线结构物的设计工作、影响关键采购的设计工作等进行重点监控。设计进度柱状图如图 4-6 所示。

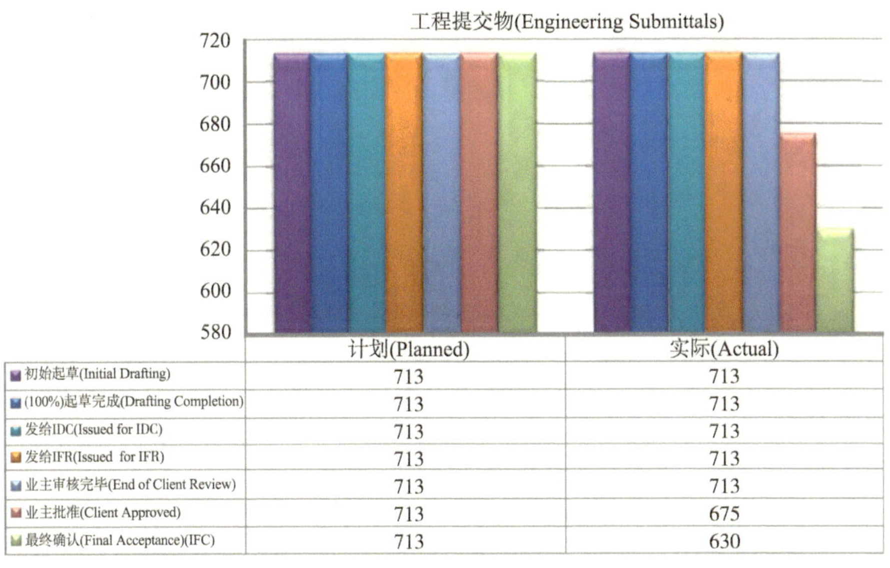

	计划(Planned)	实际(Actual)
初始起草(Initial Drafting)	713	713
(100%)起草完成(Drafting Completion)	713	713
发给IDC(Issued for IDC)	713	713
发给IFR(Issued for IFR)	713	713
业主审核完毕(End of Client Review)	713	713
业主批准(Client Approved)	713	675
最终确认(Final Acceptance)(IFC)	713	630

图 4-6　设计进度柱状图(单位:份)

4.2.2.3　采购进度监控

根据总进度计划的采购部分计划，细化各专业的采购项。采购进度柱状图如图 4-7 所示。

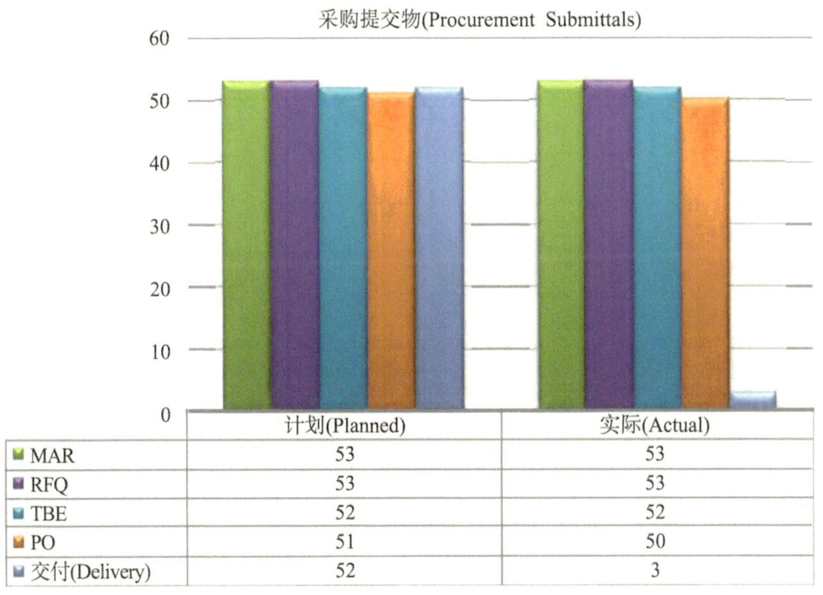

	计划(Planned)	实际(Actual)
MAR	53	53
RFQ	53	53
TBE	52	52
PO	51	50
交付(Delivery)	52	3

图 4-7　采购进度柱状图(单位:份)

4.2.2.4 施工进度监控

基于权重分析，对各主要施工分项进行归纳汇总，列表统计主要部分的权重、累计完成百分比、累计完成权重、剩余百分比、剩余权重等信息。基于上述信息，对比计划情况，分析滞后的部位及滞后程度，与相关部门沟通确定滞后的原因并制定应对措施。主要施工分项进度百分比汇总如表 4-3 所示。

表 4-3 主要施工分项进度百分比汇总表

序号	主要项目	计划权重(%)	累计完成百分比(%)	累计完成权重(%)	剩余百分比(%)	剩余权重(%)
1	资源调遣	4.90	100.00	4.90	0.00	0.00
2	进水渠	7.18	86.42	6.20	13.58	0.98
3	进水结构物	14.10	58.28	8.22	41.72	5.88
4	引水渠	4.81	93.33	4.49	6.67	0.32
5	过水渠	1.67	93.15	1.56	6.85	0.11
6	潟湖	16.05	87.18	13.99	12.82	2.06
7	溢流箱	1.48	63.21	0.94	36.79	0.54
8	排水渠上游	2.52	1.05	0.03	98.95	2.49
9	排水渠下游	3.84	95.44	3.67	4.56	0.17
10	排洪渠	4.80	63.69	3.06	36.31	1.74
11	溢流渠	2.29	88.40	2.02	11.60	0.27
12	消能池	4.54	56.62	2.57	43.38	1.97
13	HDPE 管道	11.99	45.69	5.48	54.31	6.51
14	护岸	0.36	0.00	0.00	100.00	0.36
15	房建(变电站、加油站)	3.10	37.97	1.18	62.03	1.92
16	桥	2.63	21.70	0.57	78.30	2.06
17	管道	2.21	0.00	0.00	100.00	2.21
18	道路	9.33	3.74	0.35	96.26	8.98
19	疏浚	2.20	100.00	2.20	0.00	0.00
小计		100.00	—	61.43	—	38.57

4.2.2.5 进度分级管理

进度管理采取分级管控：

(1) 一级进度计划——节点计划：对照 Schedule B 附件 Ⅱ “里程碑节点工期

(Critical Milestone Dates)”中的各个节点要求，紧抓关键路线，密切监控可能造成的延期情况。

（2）二级进度计划——接口管理计划：由接口经理牵头，施工经理和总工程师支持完成。

（3）三级进度计划——由设计经理、采购经理、施工经理分别具体负责，督促整体进度计划的落实。

（4）四级进度计划——由设计经理、采购经理、施工经理分别具体负责，以季度为单位监控进度，同时会同商务经理填报季度产值进度和编制季度产值计划。

（5）五级进度计划——在设计经理、采购经理、施工经理的分别组织下，由对应的部门主管编制进度计划和填报设计、采购和施工进度，尤其是关键路线和关键工序的进度情况，及时发出预警。会同商务部门填报月度产值进度和编制月度产值计划。

（6）六级进度计划——周进度滚动计划，由具体的设计工程师、采购主管工程师以及施工分项主管编制周计划，向部门主管汇总。周进度计划的完成时间应与总进度计划保持一致，完成时间原则上不应超出最大浮时，超出最大浮时时应及时发出预警，采取对应的矫正措施，必要时通过进度管理专题会讨论，编制专项施工计划。

沙特吉赞经济城商业港项目——码头方块安装

第 5 章　项目资源管理

项目资源管理流程如图 5-1 所示。

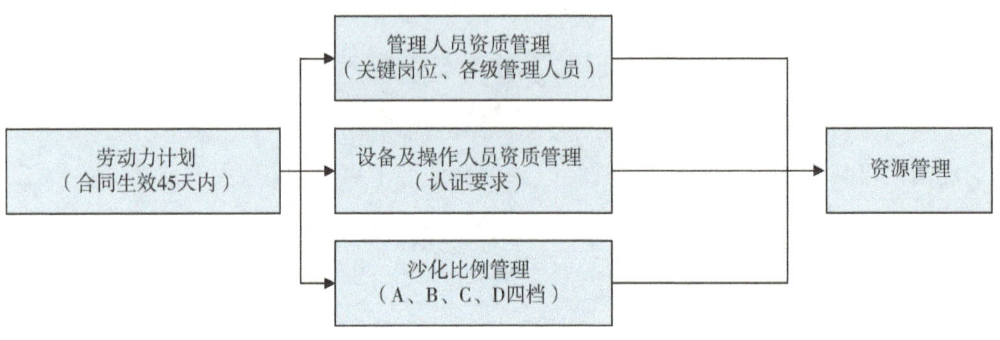

图 5-1　项目资源管理流程

5.1　人力资源管理

5.1.1　总体要求

在项目实施过程中，沙特阿美一般会对承包商的人员数量保持持续关注，并且和投标阶段承包商承诺的劳动力数量进行比对，督促承包商增加人员投入。同时，关键岗位、现场管理岗位，以及沙特方人员比例，都有明确而严格的规定。设备/特种操作手资质：根据沙特阿美管理体系，吊车司机、挖掘机手等都要经过沙特阿美的认证，初始认证人员还要经过沙特阿美组织的培训并经考试合格才行，实现难度相当大。经过持续沟通，沙特阿美项目团队最终同意采用第三方 TUV 认证的操作手上岗作业，由于语言等限制，操作手主要采用当地聘用的形式。但是吉赞经济城在建项目众多，专业操作手相对有限，而且经实地观察和考核发现，第三方 TUV 认证的操作手有一部分技术水平其实并不过硬。因此，项目部还会通过上岗前内部考试和考核的方式，进一步筛选出满足要求的操作手，并加强日常培训教育，以满足项目工作要求。

1. 现场岗位资质及数量要求

沙特阿美合同对安全经理、QA/QC 经理、监理(Supervisor)、检验员(Inspector)等资质都有明确要求,多数岗位的人员还需要得到沙特阿美的批准考核后方可上岗。条件往往比较高甚至苛刻,在这方面往往需要从人才市场招聘国际人才,充实相关岗位。在这方面可建立当地人才库,满足当前项目乃至项目群的需要。

2. 沙化比例问题

沙特阿美合同 Schedule S 及其附件中对沙化比例也有明确要求,沙特阿美将之视为体现其对沙特社会责任的重要方式。承包商每天需要在日报中上报沙化比例人员情况,沙化比例不达标时,将被业主在工程款中扣除较重的费用。然而有些沙特籍员工往往职业素养和技术水平并不高,工作意愿不主动,报酬却相对较高,对于主要依靠中国籍技术工人打主力的中国承包商来说是一项比较沉重的负担,承包商实际中往往不愿意雇佣合同中要求如此多数量的沙特籍员工。有部分项目可能会采用减少日报里非沙特籍人员的方式来满足沙化比例的要求,但长期下来很可能会出现日报中的劳动力数量和人工时大幅低于合同中的承诺的情况,从而在进度滞后以及和业主的各项商务谈判中被业主指出,出现被动的情况。总体沙化比例要求如表 5-1 所示。沙化比例不足扣款金额如表 5-2 所示。

表 5-1 总体沙化比例要求表

组别	沙化分类人员要求	沙化比例最低要求(%)
A	有证书、有学历的项目管理和行政管理人员	20
B	有合适的证书和学历的工程师和现场施工人员	10
C	技工和熟练的力工	15
D	没有技能的力工	20

注:以上比例数值仅为示意参考,具体项目的比例会有所不同。

表 5-2 沙化比例不足扣款金额表

组别	沙化比例不足每工时要扣除的金额
A	SR 38

续表

组别	沙化比例不足每工时要扣除的金额
B	SR 27
C	SR 23
D	SR 23

注:以上金额数值仅为示意参考,各项目会有所不同。

对此,有以下解决措施和途径:

(1) 在投标阶段及项目策划阶段,适当调低人力资源计划(但成本应有足够的考量,根据经验,沙特阿美项目的人工费往往是超出预算的),减轻项目实施过程中因沙化比例问题导致上报人员数量不足带来的被动情况。

(2) 建立沙特人力资源库。招聘沙特籍中高级管理人员、工程师及现场施工人员,并挑选表现良好的人员列入人力资源库,充分利用沙化比例部分的人员,使其对项目工作真正发挥一定的作用,减少虚拟沙化比例带来的资金浪费,同时也能满足合规性要求。与当地劳务公司及中介机构建立合作关系,就沙化比例问题达成合作关系,减少、减轻虚拟沙化比例问题带来的合规性问题。

(3) 中国籍专业分包队伍/劳务队伍进场。依靠中国籍技术工人打主力的中国承包商,在沙特较为严格的劳工签证配额制度下,往往会受到较大影响,甚至影响到关键路线和关键工序的施工。为此,项目部需按照总进度计划确定劳动力进场计划并保持持续跟踪,提前落实专业队伍的选定、人员签证的办理以及进场工作。由于沙特工作和生活环境差,加之国内外收入差距减小,国内劳务的管理难度越来越大,成本也没有太多优势。因此除非技术性较强的工作,尽量减少国内工人,从当地劳务公司聘用劳动力,同时还可以减轻沙化比例压力。

(4) 聘请具有资质的当地专业队伍。沙特阿美对部分工种有严格要求,出于推动施工进度的需要,有必要和当地专业队伍建立合作关系,同时增加中方自身的承揽业务资质,注册脚手架设计和施工资质,例如脚手架搭设等专业工种。

5.1.2 人员组织机构

承包商应在项目开工前 45 天内向沙特阿美代表提交项目的关键人员组织机构图申请批准。核准后的组织机构图中指定的关键人员应调派至项目,且未经沙特阿美事先书面许可不得辞退或重新指派。承包商应在关键人员和主要设备退场前 30 天内，向沙特阿美代表提交项目的关键人员和主要设备的退场计划申请批准。

5.1.3 沙特阿美可辞退人员

只要沙特阿美提出书面要求，承包商应停止使用并自费替换沙特阿美认为不适合的任何承包商人员。

5.1.4 人员、设备与物料的退场

承包商应至少在人员、施工设备和物料从项目最终退场前 48 小时获得沙特阿美代表的书面退场批准，若无正当理由，沙特阿美不得拒绝退场请求。

5.1.5 人员进场及任命

经沙特阿美批准的足够数量的质检人员应在相应的采购、施工和预调试活动开始之前到场。承包商应在合同生效日后 7 个日历天内任命合同的质保经理（QA manager），质保经理应负责本工程直至项目竣工。

在开始工作之前，承包商应核实并以易读格式向沙特阿美提供所有承包商和分包商质控人员的相关证书，以便审查和批准。沙特阿美有权面试及测试任命的检验员，若人员不符合要求或沙特阿美之前与这些人员之间有过不愉快的合作经历，其有权拒绝推荐人选。任何减少编制人员的要求必须事先获得沙特阿美代表的书面批准。

承包商应就假期、疾病、临时任务、紧急情况、辞职或其他原因进行必要的质控人员变更以保持必要的质量控制覆盖范围。承包商应至少在计划缺席或变更前 30 个日历天内通知沙特阿美代表人员缺席和质量控制覆盖范围情况。承包商应执行在职培训计划，以使所有承包商和分包商人员了解和熟悉其责任范围内的项目质量要求。

5.1.6 承包商和分包商质量人员资格要求

承包商和分包商质量人员资格要求如表 5-3 所示。

表 5-3 承包商和分包商质量人员资格要求

Inspector Title 检验员职称	Number of Years of Experience 经验年限		
	Overall 总年限	Inspection Specialty 检验专业	Contract Scope of Work 合同工程范围
Sr. Inspector 高级检验员	8	5	3
Inspector 检验员	5	3	2
Assistant Inspector (Saudi Arabs Only)助理检验员(仅限沙特阿拉伯人)	High school with 3 years working experience; Technical college diploma with 2 years working experience, or BS degree in engineering (ME, EE, CE, etc.) 高中毕业,具备 3 年工作经验; 技术类大专学历,具有 2 年工作经验或工程类[机械工程(ME)、电气工程(EE)及建筑工程(CE)等]本科学历		

采购阶段质量人员要求如表 5-4 所示。

表 5-4 采购阶段质量人员要求

Position 职位	Primary Contractor 主承包商	Subcontractor(s) 分包商
Quality Assurance Manager 质量保证经理	One full time for all phases 1 名全职参与整个阶段	N/A 不适用
Procurement Quality Control Manager 采购质量控制经理	One full time 1 名全职	N/A 不适用
Procurement Quality Control Supervisor 采购质量控制监理	One full time per discipline 各专业 1 名全职	One (if the subcontractor is involved in procurement) 1 名(若分包商参与采购)
Vendor Inspector 供应商检验员	Per approved ITPs 根据经批准的 ITPs 确定	Per approved ITPs 根据经批准的 ITPs 确定
Quality Record Controller 质量记录管理员	One full time 1 名全职	One full time per subcontractor 各分包商 1 名全职

施工阶段质量人员要求如表 5-5 所示。

表 5-5 施工阶段质量人员要求

Position 职位	Primary Contractor 主承包商	Subcontractor(s) 分包商
Quality Assurance Manager 质量保证经理	One full time for all phases 1 名全职参与整个阶段	N/A 不适用
Construction Quality Control Manager 施工质量控制经理	One full time 1 名全职	One full time per subcontractor 各分包商 1 名全职

续表

Construction Quality Control Supervisor 施工质量控制监理	One full time per discipline for each eight inspectors 各专业每 8 名检验员中 1 名全职	One full time per discipline for each eight inspectors 各专业每 8 名检验员中 1 名全职
Materials/Equipment Receiving Inspection 物料/设备来料检验	One inspector per discipline 各专业 1 名全职检验员	One inspector 1 名检验员
Quality Record Controller 质量记录管理员	Two full time 2 名全职	One full time per subcontractor 各分包商 1 名全职

Construction Discipline 施工专业	Primary Inspectors (Contractor or Subcontractor) 主检验员(承包商或分包商)	Contractor Supervising Inspectors 承包商监理检验员	Pre-commissioning Inspectors 预调试检验员
Inspection Discipline:Civil/Structure 检验专业:土木/结构			
Bridges/Buildings 桥梁/建筑	One full time inspector per twenty five carpenters and ironworkers * 每 25 名木匠和钢铁工人中 1 名全职检验员 *	One full time inspector for every five subcontractor inspectors * 每 5 名分包商检验员中 1 名全职检验员 *	N/A 不适用
Earthwork/Paving/Fencing 土方工程/铺砌/围栏	One full time inspector per fifteen earthwork machines or one full time inspector per 50 laborers * 每 15 台土方工程机械 1 名全职检验员，或每 50 名工人 1 名全职检验员	One full time inspector for every five subcontractor inspectors * 每 5 名分包商检验员中 1 名全职检验员 *	N/A 不适用
Foundation/Concrete 基础/水泥	One full time inspector per twenty five carpenters and ironworkers * 每 25 名木匠和钢铁工人中 1 名全职检验员 *	One full time inspector for every five subcontractor inspectors * 每 5 名分包商检验员中 1 名全职检验员 *	One part time inspector 1 名兼职检验员
Steel Structure 钢结构	One full time inspector per twenty five installers * 每 25 名安装工人 1 名全职检验员 *	One full time inspector for every five subcontractor inspectors * 每 5 名分包商检验员中 1 名全职检验员 *	One inspector to be available for every walkthrough package 可用于预排工程包的 1 名检验员
Batch Plant (Concrete & Asphalt) 搅拌站(水泥、沥青)	One full time inspector 1 名全职检验员	One inspector 1 名检验员	N/A 不适用

续表

U/G Piping (RTR/PVC/CPVC) U/G 管道工程(RTR/PVC/CPVC)	One full time inspector per fifteen installers * 每 15 名安装工人 1 名全职检验员 *	One full time inspector for every five subcontractor inspectors * 每 5 名分包商检验员中 1 名全职检验员 *	One inspector to be available for each system hydrostatic test 可用于各系统液压试验的 1 名检验员
Plumbing 给排水	One full time inspector per twenty five installers/ craftsmen * 每 25 名安装工人/工匠 1 名全职检验员 *	One full time inspector for every five subcontractor inspectors * 每 5 名分包商检验员中 1 名全职检验员 *	One full time inspector 1 名全职检验员
HVAC 暖通空调	One full time inspector per fifteen installers * 每 15 名安装工人 1 名全职检验员 *	One full time inspector for every five subcontractor inspectors * 每 5 名分包商检验员中 1 名全职检验员 *	One full time inspector 1 名全职检验员
Inspection Discipline: Mechanical/Piping 检验专业:机械/管道			
Equipment/Mechanical 设备/机械	One full time inspector per fifteen workers * 每 15 名工人 1 名全职检验员 *	One full time inspector for every five subcontractor inspectors * 每 5 名分包商检验员中 1 名全职检验员 *	One inspector during commissioning 调试期间 1 名检验员
Piping 管道	One full time inspector per fifteen workers * 每 15 名工人 1 名全职检验员 *	One full time inspector for every five subcontractor inspectors * 每 5 名分包商检验员中 1 名全职检验员 *	One full time inspector per twenty five workers or ten hydrostatic packages * 每 25 名工人或 10 个静水压力工程包 1 名全职检验员 *
Valves Testing 阀门测试	One full time inspector per hydrostatic testing location 各水压试验位置 1 名全职检验员	One full time inspector 1 名全职检验员	One full time inspector 1 名全职检验员
Coatings/Insulations/Testing 涂层/绝缘/测试	One full time inspector per three crews per site * 各场地每 3 个班组 1 名全职检验员 *	One full time inspector for every five subcontractor inspectors * 每 5 名分包商检验员中 1 名全职检验员 *	One full time inspector 1 名全职检验员
Lowering/Padding/Bedding and Backfilling 下降/填充/铺垫以及回填	One full time inspector per site * 各场地 1 名全职检验员 *	One full time inspector for every eight subcontractor inspectors * 每 8 名分包商检验员中 1 名全职检验员 *	N/A 不适用

续表

Package Units & Other Mechanical 成套装置、其他机械	Multidiscipline inspectors as needed * 多专业检验员(根据需要)*	One lead inspector 1名主管检验员	One lead inspector 1名主管检验员
Inspection Discipline: Welding　检验专业:焊接			
Shop Welding 车间焊接	One full time inspector per fifteen welders * 每15名焊接工人1名全职检验员 *	One full time inspector for every five subcontractor inspectors * 每5名分包商检验员中1名全职检验员 *	N/A 不适用
Field Welding 现场焊接	One full time inspector per ten welders * 每10名焊接工人1名全职检验员 *	One full time inspector for every five subcontractor inspectors * 每5名分包商检验员中1名全职检验员 *	One inspector per twenty five workers 每25名工人1名检验员
PMI	One full time technician per analysis unit 各分析装置1名全职技术员	N/A 不适用	N/A 不适用
Heat Treatment 热处理	One full time inspector per ten heat treatment technicians * 每10名热处理技术员1名全职检验员 *	One full time inspector for every five subcontractor inspectors * 每5名分包商检验员中1名全职检验员 *	One part time inspector 1名兼职检验员
NDT Coordinator NDT协调员	One full time NDT coordinator per site and/or fabrication shop 各场地和(或)制造车间1名全职NDT协调员	N/A 不适用	N/A 不适用
RTFI	One full time company certified RTFI 1名经公司认证的全职RTFI	One company certified RTFI 1名经公司认证的全职RTFI	One company certified RTFI 1名经公司认证的全职RTFI
Inspection Discipline: Electrical/Instrumentation/Communication 检验专业:电气/仪器仪表/通信			
Electrical/Cathodic Protection 电气/阴极保护	One full time inspector for every twenty labors/technicians per site * 各场地每20名工人/技术员1名全职检验员 *	One full time inspector for every five subcontractor inspectors * 每5名分包商检验员中1名全职检验员 *	One full time inspector per twenty five workers * 每25名工人1名全职检验员 *
Instrumentation 仪器仪表	One full time inspector per twenty five labors and/or three crews * 每25名工人和(或)3个班组1名全职检验员 *	One full time inspector for every five subcontractor inspectors * 每5名分包商检验员中1名全职检验员 *	One full time inspector per twenty workers * 每20名工人1名全职检验员 *

续表

Safety Relief Valves 安全泄压阀	One full time inspector per crew 每班组 1 名全职检验员	N/A 不适用	One full time inspector 1 名全职检验员
Communication 通信	One full time inspector per site 每场地 1 名全职检验员	One full time inspector 1 名全职检验员	One full time inspector 1 名全职检验员

注：

1. * 表示如无法满足人员比例，则将提交更改至沙特阿美，供其批准。
2. 如适用，应至少指定 1 名检验员或监理检验员。
3. 如果工程位于相距较远的不同场地，则应根据沙特阿美代表的决定，提供各场地之间的有效交通工具；或者，如果适用，为各工作位置指定检验员或监理检验员。
4. 如果指定的数量或类型不能完全满足经批准的检验方案中所规定的检查覆盖率，则承包商应提供额外的检验，且不得为沙特阿美增加额外成本。

5.2 设备材料管理

5.2.1 承包商设备

所有承包商设备及其分包商设备应在使用前进行检查，以确保其满足本项目安全和效率等方面的要求。该检验应由沙特阿美批准(如果检验员已获得沙特阿拉伯境内或国际认可的专业认证机构的认证，则不得无理由拒绝该批准)的持证设备检验员，根据《沙特阿美石油公司施工手册》及任何其他适用的项目标准实施。所有此类设备应接受沙特阿美的随时检验。若此类设备被发现处于不安全状态，承包商应将其立即撤离现场并在不影响施工进度的前提下进行更换或修复。

5.2.2 工程中未使用的物料

承包商应遵从沙特阿美指示，采用沙特阿美可接受的方式自费处理超出工程要求的任何物料。

5.2.3 承包商工具和设备所有权

承包商工具和设备所有权应为承包商或各分包商所有。

第三篇

商务部分

商务部分任务列表

商务管理			阶段					
目标	措施	任务	投标签约	开工启动	实施监测	偏差救济	收尾移交	保修退场
风险管理	保险 *	综合险		办理	续期	赔偿	关闭	
		人员险		办理	续期	赔偿	关闭	
		车辆险		办理	续期	赔偿	关闭	
		船壳险		办理	续期	赔偿	关闭	
		航运险		办理	续期	赔偿	关闭	
		航空险		办理	续期	赔偿	关闭	
	保函担保 *	预付款保函	办理		减值续期		释放	
		履约保函	办理		续期	索保	释放	
		质保金			扣款		替换保函	减值 释放
		母公司担保	办理					释放
	风险 *	风险管理	识别评估	应对清单	监控	响应	关闭	
成本管理	预结算	预算	投标预算	执行预算	盈亏分析 预结算	预算调整	项目结算	考核
	计量 *	业主计量	报价组成	计量分解	设计计量 采购计量 施工计量	计日工	业主结算	
	收款 *	收款		预付款收取	进度款收取			质保金 释放
	分包计量							
合约管理	主合同 *	履约变更	招投标 小额变更 大额变更	合同交底		偏差预警 协商变更 费时索赔	分区移交 机械完工	最终 释放
	分包合同							
	采购合同 *							
	劳务合同 *							
	设备合同							
资金管理	税务	税务						

注：如有 * 标注则表示沙特阿美合约中有特殊要求，在 EPC 项目管理实务商务部分有对应详细说明。

第 6 章　风险管理

6.1　保险

在投标期间，业主会将项目合同初版同招标文件一并提供给承包商，根据项目的不同实际情况，强制保险一般有如下几种。

6.1.1　综合险

业主强制承包商投保的一种保险，在多个沙特阿美项目投保过程中，保险代理提供的保单均将该保险转化为第三方责任险，并通过业主商务部门的认证。在业主要求的强制保险中，不存在工程一切险，因此在中方遭受自然灾害或者意外事故时，只有存在第三方损失的情况下才可以申请索保。同时，业主投保中，未将承包商纳入保险范围，故存在较大风险。

6.1.2　人员险

业主强制承包商投保的一种保险，属常规保险。

6.1.3　车辆险

业主强制承包商投保的一种保险，属常规保险。

6.1.4　船壳险

业主强制承包商投保的一种保险，属常规保险。

6.1.5 航运险

业主强制承包商投保的一种保险，仅在有国际采购存在的情况下需要投保。一般情况下，有国际采购的项目，供货方会在发运时直接进行该险种的投保，承包商只需向供货方索要即可。

6.1.6 航空险

业主强制承包商投保的一种保险，在有国际采购存在且对供货周期要求极为严格的情况或者承包商有私人飞机的情况下需要投保。一般情况下，供货方会在发运时直接进行该险种的投保，承包商只需向供货方索要即可。一般较少涉及。

6.1.7 其他非强制，保险代理推荐险种

在沙特阿美多个项目的投保过程中，保险代理会根据各个项目的不同情况，进行险种的推荐。本小节将保险代理多次推荐的保险进行简单列举，项目可根据自己的实际情况和保险代理的推荐进行选择性投保。

工程一切险：就上述综合险的讨论，如果只投保业主要求的强制险种，对于中方在遭受自然灾害或者意外事故时，中方发生的损失将无法进行索赔。项目部可根据自己项目的实际情况，结合保险代理的建议，进行有针对性的投保。

6.1.8 投保流程(图 6-1)

工程设计责任保险：针对沙特阿美的 EPC 项目，不同的保险代理均推荐过该险种。在本项目的执行过程中，由于沙特阿美规范的纷繁复杂，对欧标及美标均有引用，设计单位偶尔会发生由于疏忽导致设计反复的情况。该险种在这种情况发生时，可尽最大可能保护承包商的利益。同时保险代理提示过，该险种在责任认定的过程中会比较复杂，索保过程会比较艰难，建议在不熟悉的领域可以考虑该险种。

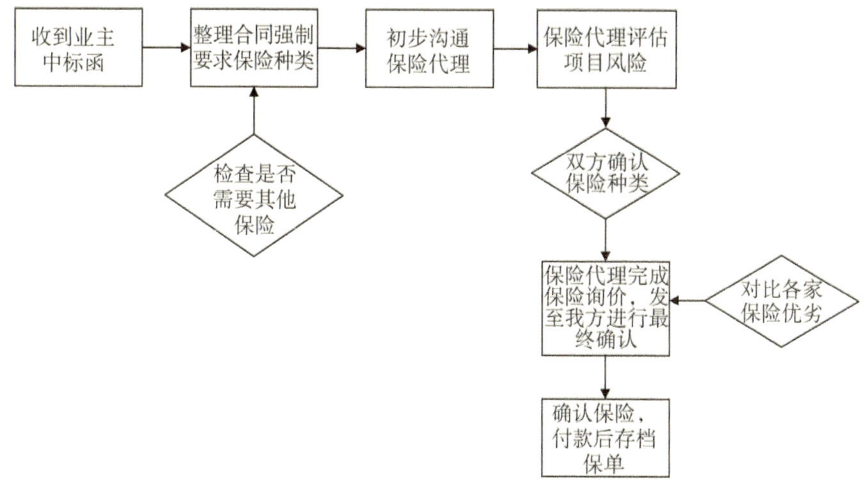

图 6-1　投保流程

沙特吉赞经济城商业港港机项目——港口吊机

6.2 保函担保

6.2.1 项目履约保函及母公司担保

在收到业主中标通知后，为完成合同签约，业主会要求我方开具项目履约保函及母公司担保，业主在收到履约保函及母公司担保并审核无误后即可进行合同签约。

通常情况下，业主会在招标文件中提供履约保函及母公司担保模板。由于沙特阿美对上述两种文件模板要求比较严格，如发生保函无法在沙特直开的情况，需尽快与国内转开银行沟通，若对业主提供的履约保函模板存在异议，要尽快与业主沟通协商模板修改处，以便尽快完成。

沙特吉赞经济城商业港港机项目——设备运输船到场

6.2.2 预付款保函

沙特阿美 EPC 项目一般会有 5%的预付款，不过考虑到沙特阿美项目的现金流，可以考虑在合同签约时，向业主提出将预付款调整至 10%的申请。

通常情况下，业主会在招标文件中提供预付款保函的模板。由于沙特阿美对上述保函模板要求比较严格，如发生保函无法在沙特直开的情况，需尽快与国内转开银行沟通，若对业主提供的履约保函模板存在异议，要尽快与业主沟通协商模板修改处，以便尽快完成。

6.2.3 质保金保函

由于沙特阿美项目的特殊性，业主会对收款比例进行调整，一般情况下都会造成项目长周期的负现金流状况。故一般考虑在进度款扣除全部质保金后，申请以质保金保函替代质保金，以改善项目现金流状况。

6.2.4 合同签约阶段流程(图 6-2)

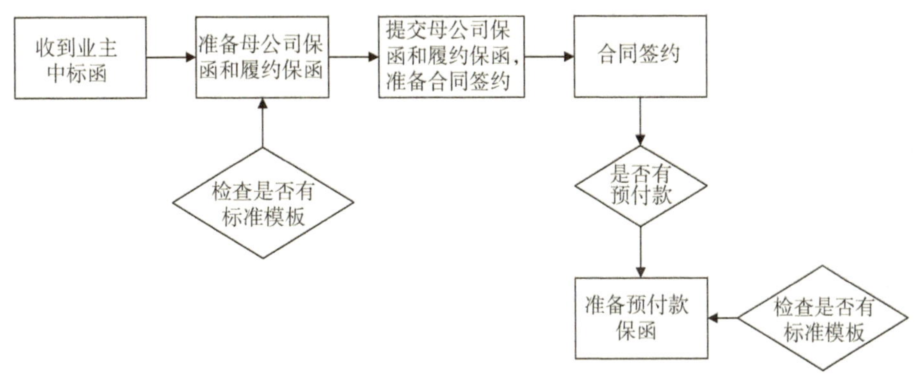

图 6-2　合同签约阶段流程

6.3 风险

除公司颁布的风险管控体系外，沙特阿美 EPC 项目在合约中也规定了相应的风险管理条款。以沙特吉赞取排水口项目为例，业主要求承包商对项目风险进行实时监控，并明确规定了承包商需要指派一名具有沙特阿美风险管控资质且沙特阿美批复的风险专家在如下情况召开风险识别专题讨论会：

- 项目设计推进到 30%深度
- 项目设计全部完成
- 项目主体开始施工
- 合同期每 6 个月必须召开一次风险识别专题讨论会

召开风险识别专题讨论会时，业主代表及相关人员、承包商代表及相关人员必须参加会议。会议召开前，风险识别专题讨论会的议程需要上报业主审核，相关参考流程及规范业主会视项目情况，提前与承包商及风险专家进行确认。

在风险识别专题讨论会结束后，中方需要在两周内正式提交最终版的风险报告，并每月更新，直至下次风险识别专题讨论会召开，双方重新识别项目风险。

沙特吉赞项目群——施工过程全景

第7章　成本管理

7.1　计量

本节主要用于辅助刚开工的沙特阿美项目迅速建立起对外结算流程，保证项目的现金流。其主要针对项目实施过程中预付款的申请、中期进度款申请、尾款申请、合同价外部分定价收款等方面进行阐述，以吉赞取排水口项目为例，仅作参考。

图7-1是本节的内容概括，项目的收款主要分为合同价内和合同价外。合同价内主要指的是调遣、设计、采购、施工部分的收款，这部分的价格主要是由中标价确定。合同价外主要指变更、闲置、材料费用变更、启动和运行辅助等部分的价格。

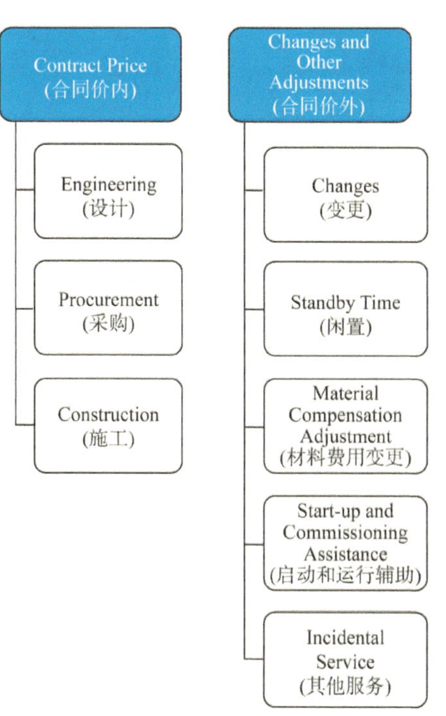

图7-1　计量结构图

讨论各个部分之前，需了解样板项目的合同背景。EPC 项目一般分为两个合同：OOK 部分包括设计和采购，货币为美元；IK 部分主要是施工部分，货币为沙亚币。此处应注意的是合同中规定汇率风险由承包商承担。业主在投标期间下发的合同文件，Schedule C 的部分中会规定付款依据(Payment Basis)，这个付款依据会成为项目执行过程中对业主的付款依据，中方投标期间的报价分解仅在变更过程中作为参考，不作为付款依据。由于业主合约部门对工程情况了解不够细致，或者是业主故意调低部分工作的付款比例，减小业主的资金压力，加之业主会从总合同额中抽取 15%作为节点里程碑费用(注：不是节点奖，具体百分比因项目而异)，在完成各个分项节点后才能收取，导致合同文件中提供的付款依据无法对应项目的实际成本，故极有可能会造成施工过程中收款比例远低于进度比例，出现严重的负现金流。参考目前已执行的沙特阿美项目，业主会强制执行该付款依据，不接受调整(严格来说可以进行调整，但是需要业主高层的审批，可能性很小)，故在投标期间需要考虑足够的财务费用。接下来对设计、采购、施工分别进行阐述。

7.1.1 设计部分

为确定在合同实施过程中收款的依据，活动内容是在合同生效的 30 天内，以业主合同中给出的设计价格分解(Design Price Breakdown)为基础，编制一份提交物清单(Deliverables List)，包括具体活动(Detail Activities)、设计提交物(Deliverables)、数量(Quantities)、比重(Weighting)等，与业主讨论直至双方达成统一，并进一步将总价按照协商的比重分配到各个分项，形成带有详细价格的正式文件，并成为今后申请进度款的依据。该正式文件一旦确定，付款依据(Payment Basis)的总价及分项比例不会调整，如调整，需要业主合约部门签发的变更或者补遗，程序烦琐、时间长，十分困难。

7.1.2 采购部分

为确定在合同实施过程中收款的依据，活动内容是在合同生效的 30 天内，在业主合同中给出的采购价格分解(Material Price Breakdown)的约束下，编制一份材料采购状态报告(Material Procurement Status Report)，包括具体活动(Detail Activities)、提交物(Deliverables)、数量(Quantities)、比重(Weighting)等，与业主讨论直至双方达成统一，并进一步将总价按照协商的比重分配到各个分项，形成带有详细价格的正式文件，并成为今后申请进度款的基础。付款依据(Payment Basis)的总价及分项比例不会调整，如调整，需要业主合约部门签发的变更或者补遗。

采购部分特殊的地方在于材料被业主分为工程设备(Engineered Equipment)和非工程设备(Non-Engineered Equipment)，简单理解就是前者需要一系列的设计文件，而后者不需要进行专门的设计，具体的区别可以参见采购部分相关章节。此处只提出两种材料的采购采用不同的付款方式，不同的合同可能有不同的方式，以本项目为例：

工程设备(Engineered Equipment)：PO 占 5%，厂家设计完成 10%，开始出运 50%，到场 20%，NMR 文件和备用件(Spare Part)数据包的 PO 15%。

非工程设备(Non-Engineered Equipment)：PO 占 5%，出运及到场 75%，NMR 和安装 20%。

7.1.3 施工部分

为确定在合同实施过程中收款的依据，活动内容是在合同生效的 30 天内，在业主合同中给出的施工价格分解(Construction Price Breakdown)的约束下，编制一份付款依据(Payment Basis)，包括具体作业[合同要求具体作业项中成本分解结构(Cost Breakdown Structure)与计划中的 WBS 需要保持一致]、提交物(Deliverables)、数量(Quantities)、比重(Weighting)等，与业主讨论直至双方达成统一，并进一步将总价按照协商的比重分配到各个分项，形成带有详细价格的正式文件，并成为今后申请进度款的基础。付款依据(Payment Basis)的总价及分项比例不会调整，如调整，需要业主合约部门签发的变更或者补遗。

施工部分付款依据(Payment Basis)分为两大部分。第一部分为里程碑节点(Milestone)部分，这部分的价格会以一定的比例从总价中抽取出来；第二部分为进度部分，一般业主会把这部分分成材料费(Bulk Material)和施工费(Construction)两部分。

节点付款：每完成一个节点，需要进行单独付款申请，并提供相关支撑材料。(注意：该项费用与节点奖不同，不是合同总价以外的额外奖金，而是合同总价的一部分)

材料费用(Bulk Material):将各个专业的材料列出清单,区分工程设备(Engineered Equipment)和非工程设备(Non-Engineered Equipment),将合同中的总价分配到每一种材料。工程设备(Engineered Equipment)按照 PO 5%,设计完成并开始生产 10%,出运 50%(凭发货单),到场安装 20%,完成 NMR 和备用件数据 15%;非工程设备(Non-Engineered Equipment)按照 PO 5%,到场 75%,安装 20%。

进度费用:将计划中的工作分解结构(WBS)导出来,按专业区分,并根据合同中既定总价分配各个作业的价格。

综合以上所述,最终形成施工部分的付款依据(Payment Basis)。

沙特吉赞经济城商业港项目——浮码头

7.2 收款

7.2.1 设计部分

收款的类型一般包括三种，第一是预付款(Advance Payment)申请，第二是中期进度款(Interim Payment)申请，第三是尾款(Final Invoice)申请。所有付款申请都是以正式信函的方式发给业主，所以要注意信函的专用格式。

1. 预付款(Advance Payment)

预付款是根据合同来申请的，具体来说是每一个合同申请一次预付款，也就是说本项目需要分别申请 OOK 和 IK 的预付款，预付款的金额不超过合同金额的5%。申请预付款，必须附上业主认可的银行的等额保函，这份保函称为预付款保函。对于保函的格式，业主有自己的模板。另外，预付款会在每期的进度款中以10%的比例扣除，即项目收款到 50%后完全收回预付款，在这个过程中，承包商可以通过替换的方式降低预付款保函金额。

2. 中期进度款(Interim Payment)

申请进度款，主要包括两个步骤。第一步是提交进度文件(Progress Certificate)及相关支持文件，这里的进度文件就是在付款依据的基础上整理出本期进度完成得到业主确认的文件；第二步是在进度得到业主批复后，提交账单(Invoice)，业主会要求附上业主签字确认的进度文件(Progress Certificate)、当月的工资支付证明和与业主签订的 PO(注：PO 分为包括保留金和不包括保留金两个)，即可完成进度款的申请。一般来说，每期(一般一个月为一期)的产值在扣除 10%的预付款后，需要再扣10%的保留金，也就是说在项目的前 50%阶段，已完成产值的 81%为最后的实收款。保留金总额也是项目总价的 5%，提交账单(Invoice)的时候需要特别注意预付款和保留金的扣回情况。

3. 尾款(Final Invoice)

尾款一般为项目维修期满后项目移交后保留金的申请。

7.2.2 采购部分

收款的类型一般包括三种，第一是预付款(Advance Payment)申请，第二是中期进度款(Interim Payment)申请，第三是尾款(Final Invoice)申请。所有付款申请都是以正式信函的方式发给业主，所以要注意信函的格式。

1. 预付款(Advance Payment)

预付款是根据合同来申请的，具体来说是每一个合同申请一次预付款，也就是说本项目需要分别申请 OOK 和 IK 的预付款，预付款的金额不超过合同金额的5%。申请预付款，必须附上业主认可的银行的等额保函，这份保函称为预付款保函。对于保函的格式，业主有自己的模板。另外，预付款会在每期的进度款中以10%的比例扣除，即项目收款到 50%后完全收回预付款，在这个过程中，承包商可以通过替换的方式降低预付款保函金额。

2. 中期进度款(Interim Payment)

申请进度款，主要包括两个步骤。第一步是提交进度文件(Progress Certificate)及相关支持文件，这里的进度文件就是在付款依据(Payment Basis)的基础上整理出本期进度得到的文件；第二步是在进度得到业主批复后，提交账单(Invoice)，业主会要求附上业主签字确认的进度文件(Progress Certificate)、当月的工资支付证明和与业主签订的 PO(注：PO 分为包括保留金和不包括保留金两个)，即可完成进度款的申请。同样，提交账单(Invoice)的时候需要特别注意预付款和保留金的扣回情况。此处采购进度支撑文件主要包括：PO、完整的设计文件(Complete Engineering Document)、生产数据(Data for Fabrication)、厂家账单(Vendors Invoices)、出场证明(Proof of Shipment)、到场证明(Delivery Note)、备用件数据(Spare Part Data)等。

3. 尾款(Final Invoice)

尾款一般为项目维修期过后项目移交后保留金的申请。

7.2.3 施工部分

收款的过程包括三步，第一是预付款(Advance Payment)申请，第二是中期进度款(Interim payment)申请，第三是尾款(Final Invoice)申请。

1. 预付款(Advance Payment)

预付款是根据合同来申请的,具体来说是每一个合同申请一次预付款,预付款的金额不超过合同金额的 5%。申请预付款,必须附上业主认可的银行的等额保函,这份保函称为预付款保函。对于保函的格式,业主有自己的模板。另外,预付款会在每期的进度款中以 10%的比例扣除,即项目收款到 50%后完全收回预付款,在这个过程中,承包商可以通过替换的方式降低预付款保函金额。

2. 中期进度款(Interim Payment)

申请进度款,主要包括两个步骤。第一步是提交进度文件(Progress Certificate)及相关支持文件,这里的进度文件就是在付款依据(Payment Basis)的基础上整理出本期进度得到的文件;第二步是进度材料得到业主批复后,提交账单(Invoice)并附上业主签字确认的进度文件(Progress Certificate)即可完成进度款的申请。此处直接附上本项目的相关文件,以便直观地做出展示。每期(一般一个月为一期)的产值在扣除10%的预付款后,再扣 10%的保留金,保留金总额也是项目总价的 5%。也就是说在项目的前 50%阶段,81%(以沙特吉赞取排水口项目为例)的产值为最后的实收款。

一般提交账单(Invoice)的同时,业主会要求附上当月的工资支付证明和与业主签订的 PO(注:PO 分为包括保留金和不包括保留金两个)。

施工部分的支撑文件一般包括 PO、到场证明(Delivery Note)、工程量表(Construction Quantity Forms)、工程图(Progress Drawing)等。

3. 尾款(Final Invoice)

尾款一般为项目维修期过后项目移交后保留金的申请。

7.2.4 质保金释放

质保金的释放一般是需要在项目竣工后,使用质保金保函进行替换或者待质保期过去再进行收取。

本章节开篇时已叙述过,承包商的报价分解不作为收款依据,业主通常会在合同中规定一个付款依据,其中总合同额的 15%被抽取出来作为节点付款,仅在完成节点后才可释放,故一般情况下都会造成项目长周期的负现金流状况。参考沙特吉赞取排水口项目,在进度款扣除全部质保金后,中方申请以质保金保函替代质保金,以周转项目现金流状况。

通常情况下，业主也根据项目的实际情况进行判断，目前沙特吉赞取排水口项目也成功取得了业主的认可，正在进行质保金保函替代质保金的工作。

7.2.5 计量及收款流程、申请进度款流程(图 7-2、图 7-3)

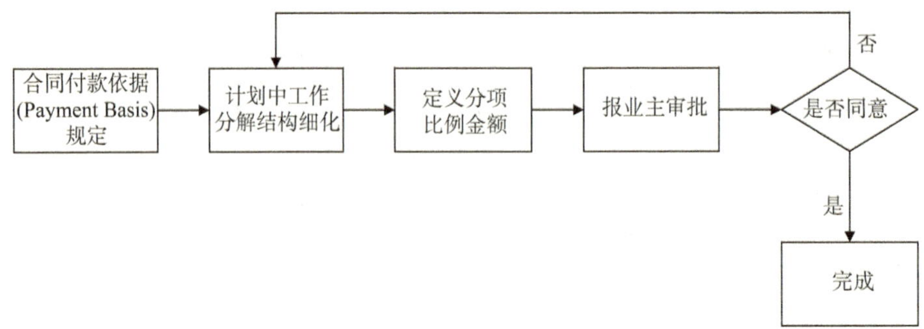

图 7-2 计量及收款流程

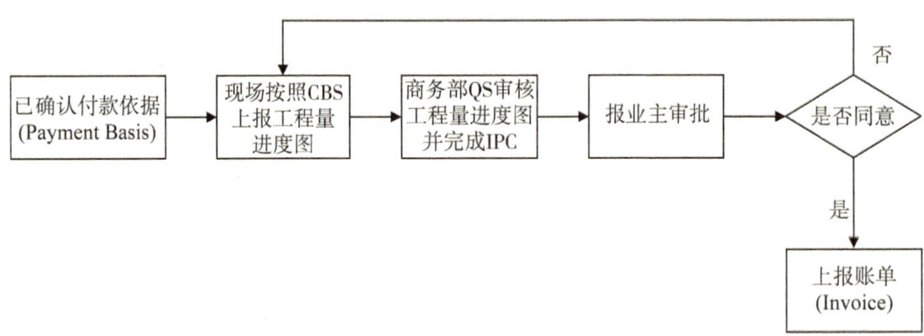

图 7-3 申请进度款流程

第 8 章　合约管理

8.1　主合同

8.1.1　项目变更

沙特阿美项目合同规定工期一般都会偏紧，同时业主团队现场执行过程中流程过于烦琐和严格，为确保项目的工期及成本可控，经常在项目初期对工期或者成本风险偏大的分项工程进行变更优化。在引导业主变更的过程中，删除工作内容的情况，建议参考业主合同负变更的条款，由中方主动提出变更，对于结余部分双方各得一半。变更施工方案的情况，一般会与业主有较长时间的技术澄清，需要中方提前判断变更方案所需的时间成本与收益的关系，切忌舍本逐末。

以下是需要注意的一些合同基本原则（参考沙特阿美商法部对沙特阿美合同的理解）。

8.1.1.1　合同解释原则

合同的运用就是在合同准据法下去合理地解释合同，按照沙特阿美项目合同附件 E 第 2 条的规定，不管合同在何地签署，也不管合同在何地执行，在解释和执行合同时，适用沙特法律。由于《古兰经》为沙特最高法律渊源，在解释合同的时候，需要遵循从《古兰经》中演化出来的相应合同解释原则，例如合同自由原则、公平善意原则、合同内容明确原则和禁止不当得利原则。这些原则虽然没有明确规定在合同中，但是这些原则通过合同准据法的适用已经内化到合同内容当中，我们在解释合同时应当考虑这些原则。

此外，沙特阿美的项目在招标阶段都会明确告知承包商，承包商不得修改招标文件中包含的格式合同草本，项目授标后承包商须按照招标文件中的格式合同草本内容签订合同。一般而言，如果项目合同为格式合同，则在合同条款出现两个以上的解释时，一般采用不利于提供格式合同的一方解释（不利于提供格式合同条款的一方原则）。但是需要注意的是，沙特阿美为了规避该解释原则，在合同通用条款——附件 A 的定义部分明确排除该原则的适用。

8.1.1.2 合同文件体系

按照沙特阿美合同签字页中的规定，沙特阿美的项目合同文本之间相互补充，如果合同文件之间出现不一致，则按上位文件优于下位文件的方式解决合同文本之间的不一致。以本项目为例，沙特阿美合同文件的优先级顺序如下：

- 合同特别条款——附件 H
- 合同通用条款——附件 A
- 沙特化——附件 S 及其子附件
- 境内增值——附件 I 及其子附件
- 安全、卫生和环境要求——附件 D
- 争议解决、仲裁和法律适用——附件 E
- 税务、关税和相关义务——附件 F 及其子附件
- 合同价款和付款条款——附件 C 及其子附件
- 质量控制、检查和测试——附件 Q 及其子附件
- 材料、工具和设备——附件 G 及其子附件
- 工作规格——附件 B
- 附件 B 的子附件

合同文件优先级的规定对于解决不同合同文件之间的冲突特别重要。如果不同的合同文件出现了不一致，我们可以按照上述合同文件优先级的规定来明确哪个合同文件优先适用。

但是需要注意的是，上述文件优先级的规定只是解决了不同合同文件出现冲突时哪个文件优先适用的问题，对于同一个文件中不同条款之间的冲突，还是需要结合相关背景内容，按照合同解释原则来明确哪个条款优先适用。

此外，如果同一个合同文件中不同条款之间的冲突涉及工程惯例、工法和标准，则按照合同通用条款——附件 A 定义部分中有关良好工程惯例（Good Engineering Practice）的规定，适用最高的标准（在沙特阿美合同中，有关标准适用的问题，如果出

现不一致，除非沙特阿美有其他要求，否则一般都是采用最高最严的标准)。

8.1.1.3 适用标准

沙特阿美的合同中对于相关技术标准文件的援引采用了敞口式的规定，签字页中有关项目合同文件构成的表述明确规定，项目合同文件中提及的标准文件包括标准文件本身以及标准文件中提及的标准文件。

此外，合同通用条款——附件 A 中定义部分有关技术标准的表述还规定，除非业主另有要求，合同中援引的标准和文件包括随时被修改、修正的标准和文件。换言之，即使合同文件中的工作规格——附件 B 明确了各项有效技术标准的截止日期(Cut-off Date)，该规定也只是排除了截止日期后新出台的技术标准，各项有效的技术标准在截止日期后如果发生了修改、修正，则修改和修正的部分仍然适用于合同(因为合同通用条款——附件 A 明确规定了合同中援引的标准和文件包括随时被修改、修正的标准和文件，按照合同文件优先级的规定，如果合同通用条款——附件 A 和工作规格——附件 B 出现不一致，则优先适用附件 A)。

8.1.1.4 地质条件风险

本项目中沙特阿美的合同对于地质条件风险的规定模式为承包商承担除不可预见地质条件风险外的其他所有地质风险。

合同在通用条款——附件 A 第 6 条(Local Conditions)有对于不可预见地质条件，承包商有权获得费用补偿和工期延期的类似规定。但是需要注意的是，承包商对于不可预见地质条件的费用和工期主张，需要同时满足如下条件：

(1) 现场地质条件和合同中约定的地质条件有重大差别；

(2) 有经验的承包商根据良好工程惯例和在现场进行审慎的踏勘后还是不能预见该地质条件；

(3) 该地质条件会增加承包商的履约成本和延长履约时间；

(4) 承包商在项目执行中发现该地质条件立即书面通知业主且在通知发出后 7 天内提供了详细的书面支撑材料。

需要注意的是，对于不可预见地质条件，只有同时满足上述条件后，承包商才能按照通用条款——附件 A 第 10 条(Changes)的规定获得费用补偿和工期延期。

8.1.1.5 变更和优化

按照合同附件 A 中有关变更的规定，业主可以随时要求承包商进行工作变更，承包商应当执行业主的变更指示。需要注意的是，承包商收到业主的任何变更指示（或者业主的任何指示，承包商认为属于变更），且该指示对于履约费用和履行时间有影响，则承包商应当立即口头通知业主该指示的影响。在口头通知后，承包商在五天内应当书面通知业主该指示的影响。

需要特别注意的是，对于任何变更，在签订变更单之前，承包商不得执行该变更工作（部分合同中在紧急情况下，承包商执行了业主的口头指令后，仍然可以获得补偿），违反该规定的承包商无权获得费用补偿或者工期延期。

另外，在项目执行中，承包商也可以提出方案优化提议，如果提议被业主采纳，则本承包商可以获得一半因为执行优化方案节省的项目成本结余。

8.1.1.6 不同承包商界面交接

关于交叉界面，合同通用条款——附件 A 和工作规格——附件 B 中均有表述，总体来说承包商应当协调配合存在交叉界面的承包商工作。

在投标阶段，应需要尽可能熟悉并识别出业主提供的界面交接点，参考招标文件提供的工作面交接分工（Interface Matrix），找业主澄清可能存在交叉的承包商以及交叉承包商的工作计划，或者在项目启动会上向业主索要可能存在交叉的承包商的工作计划，将交叉承包商的工作计划合理体现到中方的计划当中。

中方在合理地预估交叉承包商工作界面对中方的合理影响后，如果因为交叉承包商的原因导致中方出现不能合理预估到的延期或者费用增加，则中方可以依据合同通用条款——附件 A 中有关工期延期、闲置或者索赔条款的规定，向业主申请工期延期或者费用补偿。

8.1.1.7 变更未能达成一致

业主与承包商未能就承包商应得补偿调整金额及确定方法，里程碑节点日期调整，或业主指示是否构成变更等事项达成一致，业主可书面要求承包商按变更要求继续施工且承包商应照此执行。业主会根据其对因变更产生的成本或节约额的诚信估价为承包商提供赔偿或计算业主应付费用。承包商按变更要求施工不得损害承包商将上述指示构成工程变更要求、调整里程碑节点日期或获得此类工程的额外补偿的责任，也不得损害业主承担因变更导致的付款的责任。

如变更流程进入上述条款阶段，则意味着中方需要进入索赔程序。

8.1.1.8 变更流程

变更流程如图 8-1 所示。

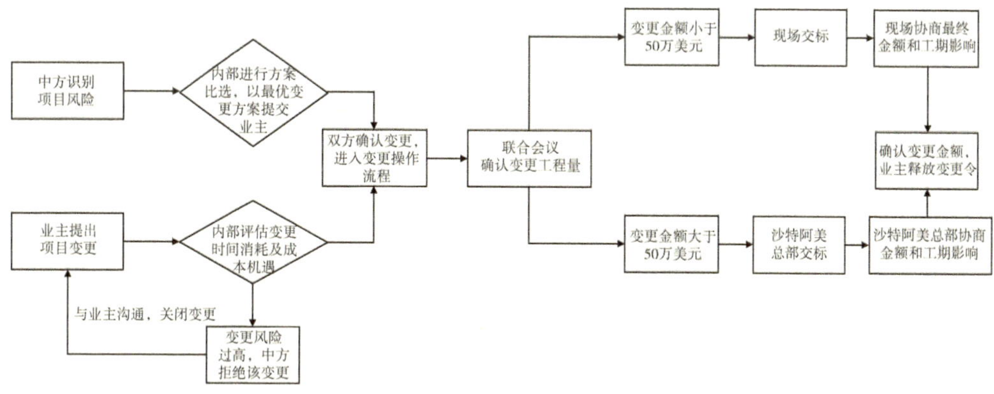

图 8-1 变更流程

8.1.2 索赔和争议

沙特阿美的项目对于项目往来信函、文件和法律文书送达方式和送达地址有具体要求，承包商能否按照合同中约定的方式，将相关信函、文件或者法律文书送达相对应的地址关系到相关权利或者义务是否触发，所以一定要看清楚并按照合同中明确的地址信息提交。

一旦触发索赔条款，以沙特吉赞取排水口项目为例，相关文件需要送递至沙特阿美达兰总部的合约部门，具体地址如下：

The Manager

Contracting Department

Attention: Supervisor, Claims & Contract Control Unit

Saudi Arabian Oil Company

P. O. Box 1500

Dhahran 31311

Saudi Arabia

以下是需要注意的一些合同基本原则。

8.1.2.1　索赔限制

沙特阿美收到上述索赔通知单后的 60 天内，开始通过仲裁进行争议解决前，承包商应向沙特阿美提交一份书面分析，说明所有索赔元素并列明支持性数据，在切实可行的范围内确定对工程或任何部分工程完工时间的影响和承包商索取的额外赔偿金额。上述支持性数据应包括但不限于适用的计划和实际进度曲线、有支持性进度计算的发票记录、变更令记录和变更令文件、月报、周报或日报、会议纪要、闲置时间申请，相应的人力报告、订单记录和文件、物料接收报告、图纸记录、设备清单，初拟的、公司审核的、所有后续标记的、更新的或修订的工程进度表的纸质副本和电子副本。如果承包商未能在 60 天内提交上述有支持性数据的书面分析，应视为无争议地放弃承包商所有完工延期或额外补偿的权利。

8.1.2.2　争议解决

承包商和沙特阿美无法就任何理赔达成一致时，该事宜应根据以下适用内容视为未解决的争议。

争议解决、仲裁和适用法律：

不论本合同在何处订立和执行，本合同及由本合同产生或与其相关的任何其他协议的解释和执行都应受沙特阿拉伯法律管辖。

仲裁：

· 因本合同或由本合同产生或与其相关的任何其他协议产生或引发的任何争议、争论或索赔若无法经双方协议解决，应提请沙特阿拉伯阿尔科巴尔法院根据仲裁条例（即 1403 年 6 月 21 日大臣会议第 164 号决议，以下简称“条例”）、自伊斯兰历 1405 年 10 月 10 日起生效的仲裁条例实施细则（以下简称“细则”）及其后实施的任何修正案进行仲裁，此仲裁应由依据条例、细则和本合同任命的一位或多位仲裁员执行。

· 由一位仲裁员执行仲裁。若合同双方同意由一位仲裁员执行仲裁，在确定被任命者同意执行仲裁后，双方应在自另一方收到一方发出的交付仲裁书面通知之日（以下简称“通知日期”）起的 30 天内商定并任命仲裁员。

· 由三位仲裁员执行仲裁。若合同双方未能就由一名仲裁员执行仲裁达成一致，或达成一致但无法在自通知日期起的 30 天内商定仲裁员，则此仲裁应由根据以下规定任命的三位仲裁员执行：在确定被任命者同意执行仲裁后，各方应任命一位仲裁员并在自通知日期起的60天内将此任命以书面形式通知另一方。在确定被任命者同意执行仲裁后，由双方任命的仲裁员应商定并任命第三位仲裁员并在自通知日期起的90天内将此任命以书面形式通知合同双方。

• 仲裁员资质。选中的仲裁员应公正且与争议事项无任何利益关联或事先接触。不得选择合同任一方的历任或现任员工、董事、雇佣的法律顾问以及与这些人相关的人员担任仲裁员。

• 仲裁程序。合同双方应就仲裁程序的管辖规则达成一致。若合同双方未能就适用程序规则达成一致，则仲裁员应根据多数票决的原则制定适用程序规则。

• 仲裁员非调解员。合同双方特此明确同意根据条例、细则和本合同任命仲裁员，并明确同意所任命的为仲裁员而非调解员，因此仲裁员没有执行调解事项的权利。

• 仲裁员变更。任何时候，若合同一方任命的任何仲裁员死亡、退出或由于其他原因不能继续执行仲裁，则任命其为仲裁员的一方应在自此仲裁员死亡或剩余仲裁员向合同双方发出有关此仲裁员退出或无法执行仲裁的联合书面通知之日起的30天内任命另一仲裁员替代。任何时候，若由合同双方协议任命或由剩余仲裁员任命的任何仲裁员死亡、退出或由于其他原因不能继续执行仲裁，则合同双方应在自此仲裁员死亡或余下仲裁员向合同双方发出有关此仲裁员退出或无法执行仲裁的联合书面通知之日起的60天内通过协商任命另一仲裁员替代或由剩余仲裁员在此期限内任命另一仲裁员替代。如果任何仲裁员变更，除非合同双方和仲裁员同意重新执行仲裁程序，否则仲裁程序应尽可能延续变更前的进程而非重新审理。

• 判决依据。仲裁员应仅依据呈递的证据、合同双方协议条款以及沙特阿拉伯法律进行判决。

• 成本、费用及收费。仲裁员应在其判决中对仲裁成本、费用以及仲裁员收费进行评估。这些成本、费用及收费应由败诉一方支付。若合同双方部分败诉、部分胜诉，则仲裁员应将上述成本、费用及收费分由合同双方摊付。

• 定案。依据条例和细则的仲裁条款应明确规定是可由合同双方强制执行的，且仲裁员判决应是终局的并对双方均具有约束力。

·可分割性。若本合同或由本合同产生或与其相关的任何其他协议的任何部分无法律效力，此无效性对仲裁条款的效力无任何影响。

8.1.2.3 承包商应持续实施工程

如果承包商实施工程期间沙特阿美和承包商之间发生争议，除非沙特阿美另有指示，否则承包商应持续实施工程，包括沙特阿美可能指导承包商实施的任何其他工程。

8.1.3 不可抗力

1. 不可抗力效应

若任一方提出因不可抗力无法完整地或部分地履行本合同义务，双方一致约定应在开始无法履约至该情况被纠正期间免除该方对这些义务的履行——就其受不可抗力的影响而言。声称无法履约的一方应在发生不可抗力事件之后立即以书面形式通知另一方，告知其不可抗力事件的性质、开始日期和预期持续时间以及妨碍通知方履行其合同义务的程度。声称无法履约的一方必须尽量减小不可抗力事件的发生对工程造成的延期。

2. 不可抗力事件

“不可抗力”条款应指致使一方或其分包商无法履行义务的以下任何行为、事件和情况，其原因和无法履约并非由依照合同宣称不可抗力的一方的任何行为或疏忽而造成：战争、敌对行动（不论宣战与否）、内乱、暴乱、暴动、公众集会、破坏、蓄意毁坏行为、火灾、洪水、地震、致命性传染病、爆炸、坠机或飞机坠物、电离辐射或放射性污染、封锁、罢工、停业或其他的行业贸易纠纷（不单独涉及声称不可抗力一方及其分包商的员工）。

以下明确排除为不可抗力，并不构成要求本合同工程进度延长或增加成本的依据：

（1）因监理人员或劳工不足、效率低或类似情况造成某分包商延迟履约；

（2）因制造商工厂或其他地方生产拥挤、市场逾额销售、生产效率低或类似情况造成供方延迟交付承包商负责提供的设备或物料；

（3）外雇员工无法获得或更新暂住证或签证；

（4）生效日期当天或之前涉及过去或现存条件的事件或情况；

(5) 市场状况的改变。

3. 持续的不可抗力

若工程因不可抗力连续延误45天以上，沙特阿美可暂停受影响的工程或终止本合同或工程的相关部分。除因工程终止或暂停45天后发生的一定成本外，双方都不应对对方因不可抗力造成延迟或无法履约而发生的费用负责。

4. 闲置时间

若承包商尽全力降低事件的影响，自本合同生效日期开始，承包商应有权针对海湾阿拉伯国家合作委员会成员国内发生的战争、敌对行动(不论宣战与否)、暴乱和内乱、敌对行动、暴动或封锁获得闲置时间补偿。

沙特吉赞经济城立交桥项目——航拍全景

8.2 采购合同

业主合同对国际采购流程有明确的规定，承包商应在本合同生效后 30 天内向沙特阿美提交一份采购计划供其审查。该采购计划至少应涵盖以下内容：

• 说明采购流程及从报价邀请直至交付至制造或施工工程场所的采购信息流。说明工程设计/采购/购买接口、纠正措施和程序，以供沙特阿美进行文件审查（如需要）。

• 说明所有将生成的阶段性报告及其计划发布日期，上述报告中应包括每月物料采购状态实现符合附表 G 的物料标准化的程序，以及控制所有物料替代物的详细程序。保护和控制工程场所所有承包商供应物料和沙特阿美供应物料的程序，包括持续维护和控制鉴定记录、接收和发布以及确定设备和物料不间断流通所需的其他所有物料控制和物料管理程序。

本 EPC 项目管理实务有专门的采购内容的论述，在本节不再进行大篇幅的论述，仅对费用部分进行提醒。沙特阿美合同对于采购项的质量把控严格，大宗材料及国际采购项均需要有相关质量人员驻场跟踪，业主也会定期前往厂家进行考察，故在投标期间，需考虑规划驻场人员费用，计入预算。

第四篇

专项管理

第 9 章　职业健康、安全与环境管理

9.1　职业健康、安全与环境管理介绍

HSE 管理体系是健康（Health）、安全（Safety）和环境（Environment）管理体系的简称，该体系由国际知名的石油化工企业最先提出，是将组织实施健康、安全与环境管理的组织机构、职责、做法、程序、过程和资源等要素有机构成整体，这些要素通过先进、科学、系统的运行模式有机地融合在一起，相互关联、相互作用，形成动态管理。自 20 世纪 90 年代开始，国际知名建筑承包商纷纷制定了涵盖业务各方面的严格的“健康、安全、环境（HSE）”管理标准和体系，对承包商自身实施 HSE 管理体系的实施程序、业绩要求、评分标准等都做出了明确的规定，将良好的 HSE 业绩作为对所在国、当地社区、全体员工的一种责任和承诺。

沙特吉赞项目的业主为沙特阿美石油公司（Saudi Aramco），HSE 管理体系严格遵循欧美标准，它的管理体系是一个庞大的系统，其核心是组织过程资源，强化过程控制，包括公司标准、规范、程序文件、管理手册等。

沙特阿美标准下 HSE 管理体系首先要求组织进行风险分析，确定其自身活动可能发生的危害和后果，采取有效的防范手段和控制措施防止其发生，以减少可能引起的人员伤害、财产损失和环境污染。它强调预防和持续改进，具有高度的自我约束、自我完善、自我激励机制，从而有效地消除产生危险、事故的可能性和与工作相关的伤害。和国内 HSE 管理相对比，它重视 HSE 的任务规划，提倡现场工作人员的参与和对现场的监督，鼓励个人深入学习执行任务所需的安全工作流程。

沙特阿美合同中的 Schedule D 为 HSE 管理部分，共分为三小节，分别为一般规定、安全和职业健康要求、环境和卫生要求，对涉及的所有要求进行详细的介绍，如体系的建立、程序与计划、文件控制、管理责任、资源投入以及过程监控与记录等，精

细化的要求确保了 HSE 管理在项目中的重要地位，也体现出沙特阿美“以人为本”的价值理念。作为资深的对外经济合作企业，中国港湾已经有自己比较完善的 HSE 管理体系，但由于经济、文化、管理理念的差异，可能部分内容与沙特阿美标准有所出入。本章参考中国港湾体系文件的同时，结合沙特阿美相关 HSE 和质量纲领性文件，以及沙特阿拉伯的本地政策，对沙特阿美标准下的 EPC 项目的职业健康、安全与环境管理进行简要介绍与总结。

本章可作为沙特阿美 EPC 项目健康、安全和环境方面管理的简要工具。我们项目所有员工组成了一个团队，期望团队里每个人都关心、重视 HSE，推进零事故目标，这是施工工作中重要和不可分割的一部分。

沙特吉赞经济城商业港项目——北码头港机设备

9.2 PSI 考核评价体系

PSI(Project Safety Index,项目安全指数)是根据现场施工的实际情况,制定安全环保管理检查细则,每月由业主安全经理牵头组织对项目施工各个环节进行检查评分,并给出改进意见,客观真实地反映承包商在每个月中安全管理工作的表现,如果 PSI 得分在 85 分以下,承包商将被叫停进行整改。根据 PSI 检查结果绘制区域性隐患分布柱状统计图和时间性隐患折线图,通过评比分数和统计图表纵向横向对比,能够更加直观真实地反映施工现场存在的隐患及管理情况,有针对性地修订安全方案,采取整改措施并组织安全培训。

通过对承包商进行安全管理能力评价,为他们建立档案,促使承包商自觉提高安全意识和管理水平。在项目招标中,沙特阿美会参考承包商在以往项目中的 PSI 得分,查阅历史档案。所以承包商在承揽工程时,一旦发生安全事故,绝不仅仅是工程和设备毁损、人员身心伤害,还将直接影响公司形象和以后的工程投标。一旦被列入沙特阿美"黑名单",恐怕公司在沙特阿美甚至沙特地区将再无立足之地,特别严重的还可能造成恶劣的政治和外交影响。所以重在前期计划与过程控制,才能保证 PSI 得分的稳健上升。

9.3 沙特阿美 HSE 管理团队与人员配置要求

沙特阿美 HSE 管理团队是专门的 HSE 监管机构，人员队伍庞大且专业程度高，基本上独立于业主项目管理团队 PMT 开展工作。现场具体 HSE 管理工作由承包商组织开展，沙特阿美 HSE 管理团队将严格按照规范标准和程序文件的要求，对承包商 HSE 工作进行监督管理。

沙特阿美的 HSE 标准，对承包商专职安全管理人员配置要求非常严格。根据沙特阿美合同要求，每 50 个劳工需配备 1 名安全员，每 5 个安全员需配备 1 名安全主管，具体要求如表 9-1 所示，所有安全管理人员须通过沙特阿美面试批准后方可录用。承包商按要求配备足够数量的、满足岗位要求的安全管理人员。

表 9-1　沙特阿美项目安全管理人员配备标准示意表

工人数量	是否要求配备 HSE 经理	最少需配备 HSE 经理(Supervisor)数量	现场需配备的最少安全员数量
1～50	否	0	1
51～250	否	1	每 50 个工人配 1 名
251～500	是	2	每 50 个工人配 1 名
501～1 000	是	3	每 50 个工人配 1 名
1 001～5 000	是	每 5 名安全员配 1 名	20＋(人数－1 000)/100
5 000 以上	是	每 5 名安全员配 1 名	60＋(人数－5 000)/100

沙特阿美标准对 HSE 经理的要求格外高，要求其拥有多年的沙特阿美项目管理经验。该门槛较高，中国籍的安全经理往往因为此条款而无法做沙特阿美项目的 HSE 经理。沙特吉赞项目群聘请了有多年沙特阿美工作经验的外籍 HSE 经理，其持有 IOSH、NEBOSH、OSHA－500 等多项资质证书，并熟知沙特阿美管理工作流程，工作能力很强，能更优质高效地开展工作，使沙特阿美管理层对我们的 HSE 管理工作达成一致认可。同时，项目部中国籍的安全经理作为 HSE 副经理，与外籍 HSE 经理一起和业主沟通 HSE 管理工作，同时协调对内 HSE 管理，二者结合，效果良好。沙特吉赞项目群很重视中国籍 HSE 管理人才的培养，通过“传帮带”活动，安

排外籍安全经理对中国籍 HSE 管理人员进行培训，并在项目实际管理中进行历练。目前中国籍 HSE 管理人员整体管理水平已得到了很大提升，相信在不远的未来也能在国际工程项目中独当一面。目前，吉赞项目群已有两名中国籍 HSE 经理顺利通过沙特阿美 HSE 经理考核，能够满足按照沙特阿美标准胜任 HSE 经理职位的硬性要求。

沙特吉赞经济城商业港项目——航拍全景

9.4 营区管理

9.4.1 营区用地

根据 GI 2.716 条"用地许可程序"、GI 2.718 条"承包商场地分配程序"、沙特阿美石油公司第 8037 号表格的要求，承包商应该通过业主代表获得 LUP（Land Use Permit，土地使用许可），土地使用许可包括承包商营区设施的设计图纸。另外，承包商需要签署一份用地分配许诺信，保证承包商营区满足所有的条件。

9.4.2 营区设施条件

承包商须保证提供给承包商自己人员与业主人员的营区设施应该满足沙特劳动法、CSAR（Contractor Safety Administrative Requirement，承包商安全管理要求）、SASC（Saudi Aramco Sanitary Code，沙特阿美卫生管理规范）以及合同中 Schedule D 的第二部分中的相关沙特阿美 HSE 的管理要求。这些营区公共设施的性能是否满足沙特阿美要求，将由沙特阿美组织相关部门进行督促检查后确定。承包商每两周和业主 HSE 团队共同检查营地，检查内容包括消防设施、安防设施、厨房卫生、防虫措施、厨余垃圾处理、排水系统等。沙特阿美还委托第三方机构每季度对承包商营地进行检查评估。在检查中一旦发现任何不足，承包商应立即整改。

9.5 职业健康与安全管理

9.5.1 员工卫生、健康和福利设施

9.5.1.1 基本福利、设施要求

(1) 客房配有床和储物柜。

(2) 用餐区配有完整的设施。

(3) 急救设施、护士和急救车辆。

(4) 饮用水和生活用水的充足供应。

(5) 足够数量的内务管理人员和维护人员。

(6) 足够数量的带盖垃圾容器。

(7) 有害生物防治技术人员定期进行有害生物控制服务。

(8) 厕所洗衣和洗浴设施的数量足够。

(9) 充足的户外照明。

(10) 对信仰宗教人员提供专门的宗教空间(如祈祷室)。

(11) 提供工作劳保用品(PPE)。

以上列举的只是部分福利设施,此外还应遵守沙特阿拉伯的所有相关规定及其他沙特阿美规定的适用的 HSE 要求,并将健康和卫生检查记录、食品医疗记录等相关记录性文件保存在行政办公室(综合部)。

9.5.1.2 饮食与卫生

(1) 饮食设施的位置应设置在明确的区域,使员工吃饭时不直接接触化学品、烟雾等。应有遮蔽物以提供阴凉和保护免受天气情况影响,并符合沙特地区的环境要求。不得在设施内或附近的任何地方积聚碎屑和食物残渣,所有废物容器应每天清空,饮食设施应始终保持清洁和有序。

(2) 应根据需要提供洗涤设施,保持健康和卫生条件,同时提供水、肥皂等物资。

(3) 应提供防暑遮阴区域和足够的饮用水。在工作区,在确定位置提供防暑、乘凉的集装箱,这些集装箱的设计、建造、维修以及卫生条件都需符合沙特阿美标准。

此区域应配备通风设备或电风扇和足够的饮用水。

(4) 应提供足够的厕所设施，无论是便携式还是永久性的，应始终保持清洁，并提供足够的卫生纸。应该分派专人负责厕所管理，防止设施不卫生和不能使用。

(5) 抽烟应在指定的吸烟棚内，不允许在办公室、仓库以及工作现场等其他禁烟的地方抽烟。如果需要建造吸烟棚，应提交业主项目管理团队审批。吸烟棚中应配备化学灭火器等消防器具。

9.5.1.3 医疗设施

承包商及其分包商，必须遵守沙特阿美承包商安全管理要求和最低医疗标准要求，现场半径 15 千米内员工人数大于 50 人，必须按沙特阿美要求配备医疗设施。

医疗人员健康条件和资质须满足相应要求，并对其进行继续教育和培训。

承包商应配备医疗服务所、救护车，签约符合资质的医院，提供应急救援和常规医疗服务，能提供基本的医疗处理，按规定做好医疗记录，处理医疗废弃物。

9.5.2 安全文件编制与安全风险识别

根据沙特阿美 Schedule D 的要求，承包商必须编制 HSE 体系文件(由管理手册、程序文件、作业文件等组成)并获得沙特阿美批准后方能进行相关工作。管理手册是整个管理体系的最高层，需要详细说明承包商的 HSE 政策与在 HSE 管理方面的控制情况。程序文件用于解决对某一具体管理内容的基本管理程序。作业文件则是由程序文件派生，是某一专业管理内容。

在调遣进场前，应提交以下体系文件供沙特阿美审批：应急预案、危害识别计划、环境管理计划、承包商现场安全计划、车辆交通管理计划、废物管理计划等。

在分项开工前，应提交以下程序文件供沙特阿美审批：起重程序、载人电梯操作程序、脚手架安全、高处作业计划、开挖/支护计划、安全疏散导引、防暑降温规划、指定吸烟区/休息棚、受限空间作业程序等。

承包商应遵守“沙特阿美合同附表 D 安全、健康和环境要求”第 1～4 节关于工作许可证的要求，应在指定的“施工区域”为所有作业办理安全工作许可证，并提供合格和认证的 HSE 管理人员执行监督工作。安全工作许可课程将由沙特阿美来提供，任何工作类型的员工都要有沙特阿美同意的操作资质，做到持证上岗。所有的许可证需要附加作业危害分析、职业安全分析或工作执行计划，上述作业危害分析

等文件将与安全工作许可证一起在工作开展前报送业主批复。

在施工活动中，即使是最有经验的工程师或承包商都难以识别所有潜在的安全隐患和风险。承包商首先应制订安全风险识别评估计划，对部分危害进行评估，并不断地审查和修订安全风险识别评估计划。

(1) 制作涵盖有关宿舍、营区、人员的工作活动清单及程序，并收集相关的信息。

(2) 确定与每项活动、工作相关的所有重大危险，充分考虑谁可能受到伤害和受伤害程度。

(3) 对与每个假设的风险相关的活动、工作进行主观估计，使现有的控制措施到位，评估员还应考虑控制的有效性及其失效的后果。

(4) 判断计划的或现有的预防措施(如果有的话)是否足以控制危险并满足法律要求。

(5) 制订计划以处理评估发现的任何需要注意的问题，应确保新的计划和现有的预防措施保持有效。

(6) 在修订的预防措施的基础上重新评估风险，检查风险是否可以容忍(注意："容忍"这个词在这里意味着风险已经降低到合理可行的最低水平)。

9.5.3 HSE 教育、培训和会议

9.5.3.1 HSE 教育、培训

每个项目都必须制订 HSE 培训计划和教育要求，这个计划应该基于项目工作性质的实际情况。HSE 培训对于刚工作、新入场的员工非常重要，同时帮助员工熟悉当前最新的 HSE 技术、做法和了解事故发生的起因，经过培训后才能够正确、安全地完成工作。标准课程包括：

(1) 健康、安全和环境管理基本情况介绍；

(2) 特殊工艺工作的健康、安全和环境培训；

(3) HSE 工作能力培训；

(4) 领导安全培训、研讨会；

(5) 审计、区域评估和检查过程培训。

沙特吉赞项目群结合自身实际情况，根据沙特阿美管理体系相关要求，实施安全教育，主要包括：入场培训、班前会议、经常性安全教育、技能培训等。同时我们还

结合中国成熟的安全教育形式，包括三级安全教育、安全技术交底等，根据当地外来劳动力流动性大的特点，特别加强外来工人的管控，严格落实教育无遗漏。

我们一直坚持培训教育评估反馈的项目安全管理理念，树立从“要我安全”到“我要安全，我能安全，大家安全”的安全观，形成人人讲安全、事事讲安全的浓厚的安全文化氛围。

9.5.3.2 HSE 会议

HSE 会议是管理层进行 HSE 管理的有效手段，主题应包括当前的工作和有关危害，以及如何有效预防危害。会议前准备、打印议程并发给所有与会者，每次会议讨论的主题应妥善记录，由承包商 HSE 部保存。会议包括：

（1）项目 HSE 管理委员会会议：每月举行一次，业主和承包商领导班子参加，由业主来组织；

（2）现场 HSE 管理委员会会议：每周举行一次，生产经理、PID、HSE 经理及代表、工人代表参加，由承包商来组织；

（3）每日工作人员协调会议：由业主组织每日召开，业主和承包商 HSE 部门人员参加，主要关注每日的 HSE 问题，进行整改及制订日工作计划等；

（4）班前会议：每天工作开始前召开班前会议，检查所有危险、风险和环境影响，对员工工作所涉及的安全危害和环境影响进行指导和教育，要求员工必须参与并理解和识别必要的危险，使之能采取有效预防措施，签字确认后才能开始工作。

9.5.4 安全检查、监控

事故预防与各级监督是重要的管理途径，检查与监控应保证落到实处，通常由 HSE 部门进行监督指导，生产部门执行落实。通过 HSE 相关检查和监控能及时对工作区不安全的做法与潜在的安全隐患进行纠正、整改。包括：

（1）日常 HSE 检查；

（2）施工区域安全评估、检查；

（3）设施风险评估、检查；

（4）员工工作过程检查；

（5）施工设备入场检查；

（6）施工现场车辆安全驾驶检查。

安全检查是搞好安全生产的重要手段，其基本思路就是：发现和查明各种危险和隐患，督促整改；监督各项安全规章制度的实施落实；制止违章操作、违章指挥。

结合沙特阿美 HSE 标准要求和中国港湾 HSE 管理体系要求，在各参建单位定期 HSE 自检的基础上，沙特吉赞项目群牵头组织各参建单位开展联合互检和专项检查等活动，遵循 PDCA 循环的管理理念，通过各种检查活动的形式发现安全规章制度和措施的落实执行问题、发现安全隐患，形成检查问题清单，逐项落实限期整改。在日常安全巡视中，还要注意对重复性安全问题的检查和惩处力度，提高现场管理人员和班组工人的安全意识，最大限度地避免安全问题重复发生，力求预防为主、综合治理。

主要是从以下几个方面开展安全检查工作。

(1) 参建单位自检：着重检查生产现场的关键装置、重点部位及特殊作业现场，完善现场的危险源告示牌。沙特吉赞项目群在实际管理中始终坚持日常巡视，督促各单位加强日常自行安全检查。

(2) 组织参建单位联合互检：沙特吉赞项目群组织各参建单位，包括中交一航局、中交四航局、中交天航局等，开展定期的互检活动。各单位组成联合检查组，对项目群各项目进行全面的联合检查。对存在的隐患问题要求相关责任人限期进行整改，发现安全管理工作中表现较突出的人员，对其进行奖励。

(3) 专项检查：沙特吉赞项目群不定期组织联合检查组，对各项目的深基坑高边坡、高大模板、高墙钢筋、脚手架、起吊作业、水上船机作业、现场临时用电、现场车辆交通等重大危险源进行专项检查，做到横向到边，纵向到底，不留死角，杜绝安全隐患。

(4) 与业主联合工作：对主要部位分区进行现场联合巡检，要求业主项目经理和沙特吉赞项目群总经理同时参加。实际检查中采用分组检查形式，检查后汇总各组整改意见，当场宣读，限期整改。

9.5.5 安全记录、事故调查及分析报告

项目 HSE 部负责编写、维护所有安全文件记录，这包括项目 HSE 工作日志、事故调查分析报告、年度摘要和张贴的宣传海报等。项目 HSE 工作日志、事故调查分

析报告等 HSE 文件应保存在项目 HSE 办公室，副本应根据要求及时提供给业主，同时这些副本在需要时按要求提供给审计公司。安全文件记录包括：HSE 委员会会议纪要、事故调查分析报告、急救日志和员工医疗记录、每周区域安全评估与偏差报告、材料安全数据表和危害交流计划、设备操作员资格证书、设备检验记录和认证、HSE 培训记录和能力认证、脚手架登记册和每周检查报告、HSE 工具箱会议纪要和出席人员签到、手动和电动工具检查报告、灭火器检查报告、防坠落和个人防护装备评估报告、员工纪律处分证明、临时设施检查报告等。

9.5.6 突发情况应急预案

承包商须向业主提供清晰的突发情况应急预案，确保员工生命和安全在任何不利的紧急情况下受到保护。平时必须定期开展强制性紧急疏散演习，准备好适当的实施步骤，使员工熟悉在紧急情况下安全撤离的应急程序。在发生自然灾害、战乱以及重大火灾、爆炸、有毒气体泄漏或其他紧急情况（包括但不限于）时，承包商应及时宣布紧急情况，启动相关应急预案程序，进行报警和疏散。

沙特吉赞经济城商业港项目——海底 HDPE 管道安装

9.6 环境管理

9.6.1 现场环境问题识别与管理方案编制

现场环境问题主要产生于建设和预调试阶段，包括对空气质量、水质量、土壤质量以及听力等的影响。承包商首先应遵守“沙特石油公司合同附表 D 安全、健康和环境要求”，并充分了解工程所在国家和地方法规要求中包含的相关环境保护要求，根据对现场环境问题的识别，制订污染防治计划与工作程序。承包商在工作期间有直接的责任保持对这些废物的适当管理，并以书面形式核实废物已经以法规允许的方式处置。

9.6.2 环境管理检查、检测

承包商应通过定期检查、检测，对发现的环境问题持续改进。每日须进行常规性检查，承包商环境协调员与环境负责人、业主相关环境负责人应对所有施工活动和工作区进行日常视察。此外，在项目过程中需要环境检测管理系统，这会实现对既定环境控制和对工作程序的有效性进行评估，并对管理不佳的区域可以采取纠正措施。

9.6.3 环境问题记录、调查及分析报告

每周和每月环境实地检查应由承包商进行记录并提交给 HSE 经理批准，然后转交项目环境协调员审查和备案。报告应包括施工期间的环境问题和采取的措施，所有的环境检测记录、报告也应保存在现场 HSE 办公室。

第 10 章　项目质量管理

10.1　质量管理概述

沙特阿美质量管理体系是一个庞大的系统，其核心是组织过程资产、沙特阿美标准、材料规范、程序文件、管理手册、QMIS 系统等，与工程质量管理有关的机构主要包括 PID(项目检验部)、PMT(项目管理团队)和 VID(供货商检验部门)等。

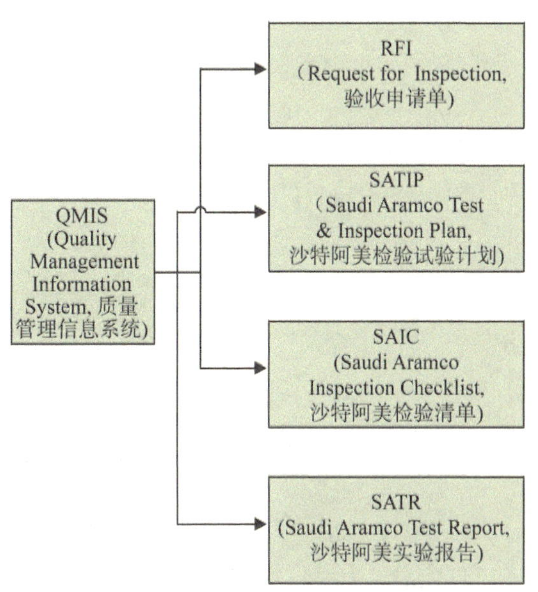

图 10-1　沙特阿美的质量管理体系

如图 10-1 所示，QMIS 为沙特阿美质量管理信息系统，是整个管理体系运行的平台，发挥着重要的作用。PID 是专门的工程质量检验机构，其下属的专业工程师并不专门负责某一个项目，而是负责多个项目，严格按照规范标准和程序文件的要求对工程进行监督管理。PMT 专门负责一个项目，以业主代表的身份，对特定项目进

行包括质量管理在内的全面管理。VID 主要进行供货商管理，不参与具体项目的管理，对沙特阿美批准的供货商进行宏观管理，从源头上确保材料采购质量。

沙特阿美执行工程项目的主要依据是沙特阿美工程标准(SAES)、材料规范(SAMSS)和项目程序文件(SAEP)。这些标准严格程度与美国标准或国际标准相当，文件数量达 700 多个，覆盖所有的工程领域，使任何一项施工活动都有据可查。

为避免在不同文件中出现相同内容，采用引用跳转而不是重复表述的方式，确保口径一致，防止文件冲突。在某些专业领域，也适当引用国际标准或美国标准作为补充。标准每四年更新一次，在标准的任何一页的页眉，都会标注此标准的发布日期及下一次更新日期，提醒发布者和使用者及时更新。

沙特阿美标准是技术标准，而程序文件则是管理标准，用于指导检验、试验、评估、验收、文件编制等活动，每五年更新一次。

沙特阿美以对质量管理的高标准和严要求闻名于业内，本项目管理实务将从沙特阿美合同范本入手，结合中国企业实际，对其质量管理条款进行解读，并对承包商在项目执行过程中的质量管理给出指导性建议。

沙特吉赞项目群——中国港湾广告牌

10.2 沙特阿美质量管理体系

10.2.1 沙特阿美质量管理信息系统(QMIS)

沙特阿美在公司网基础上建立了质量管理信息系统(QMIS)(图 10-2),推行无纸化办公。获得批准的承包商质量管理人员可以申请沙特阿美 ID,进入沙特阿美 QMIS 系统。在项目执行过程中,质量控制人员随着工程进度在网上提交 RFI(检验申请)、SATIP、SAIC 和 SATR 表格,申请报检,由承包商质量经理、项目 PMT 工程师、PID 工程师等审批人逐级审批,所有质量控制审批全部在网上完成。QMIS 系统不仅提高了审批效率,也是一个很好的记录、统计、查询工具,在 PQI(Project Quality Index,项目质量指数)评价体系中发挥了基础性作用。

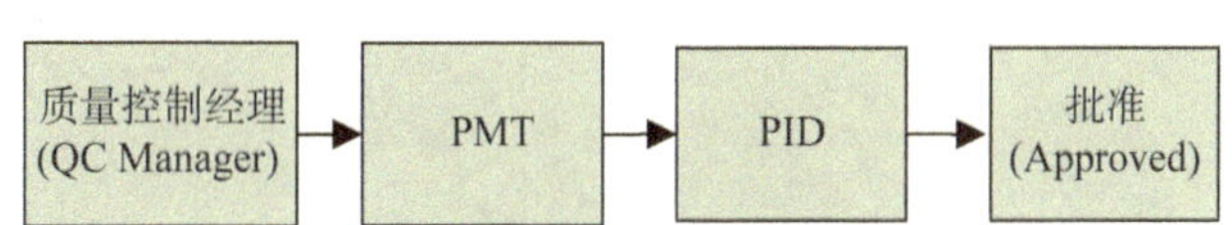

图 10-2 沙特阿美质量管理信息系统

10.2.2 PQI 评价体系(图 10-3)

对所有正在执行的工程项目,沙特阿美每个月对其承包商的质量管理工作进行综合评价,得到一个 PQI 分数。PQI 评价不是人为的主观评价,考察范围包括质量文件的提交情况、特殊作业的违规情况、检验计划提交和执行情况、质量管理人员到位情况、材料接收检验情况、材料和设备储存搬运和保护情况、各专业试验合格率等,共计 3 大项 49 小项。数据完全基于 QMIS 系统统计数据,最终数据由电脑程序自动生成,客观真实地反映承包商在每个月中质量管理工作的表现。通过对承包商进行质量管理能力评价,为他们建立信誉档案,促使承包商自觉增强质量意识和管理水平。在项目招标中,沙特阿美会参考承包商在以往项目中的 PQI 得分,查阅历史信誉档案,实现优中选优。如果某个承包商在过去项目中有不良记录,可能会不被优先选择，甚至可能会被沙特阿美列入黑名单，失去投标资格，也失去了沙特阿美巨大的市场。

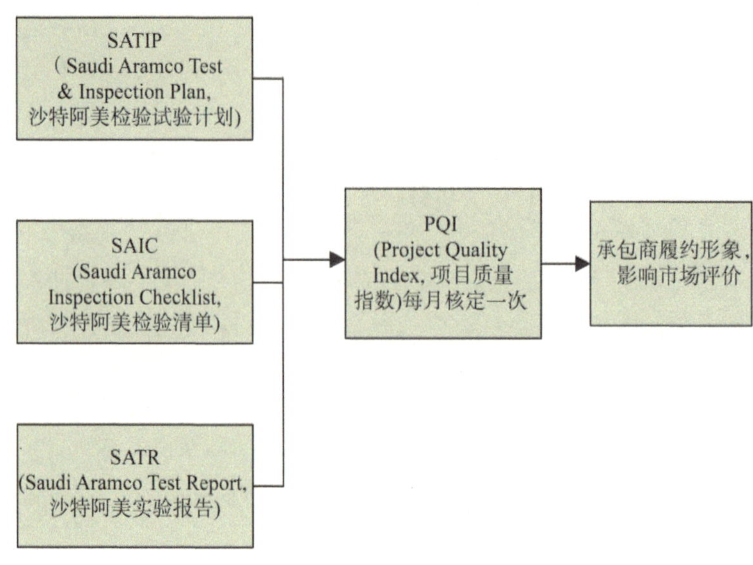

图 10-3　PQI 评价体系

10.2.3　QA 体系

作为业主，沙特阿美质量管理工作的重点是质量保证体系(QA)。沙特阿美对大部分工程项目、物资材料实行国际公开招标和采购，承包商来自不同的国家，有各自的企业文化、标准、操作规程和习惯做法。沙特阿美为该项目编制特定项目质量计划，该计划由承包商遵照沙特阿美合同附件 Schedule Q 的规定要求编制并报批。

沙特阿美把项目部视为公司实体，每六个月进行一次管理评审，以确保质量体系的适用、充分和有效。当工程进度达到计划进度的 15%和 60%节点时，承包商必须进行质量内审，沙特阿美人员到场参加，内审报告须在规定时间内提交沙特阿美审核。

沙特阿美对承包商及分包商的质量人员资质有严格要求，学历、履历、认证资格等根据不同专业和岗位有不同要求。如果沙特阿美对证明材料有怀疑，还会安排单独的面试或考试，在实际工作中如果沙特阿美对已经通过批准的质量管理人员的表现不满意，仍会要求承包商更换上合格的人员。

10.2.4 QC 体系

沙特阿美对工程项目的质量管理工作是质量控制(QC)。和国内项目质量控制类似,沙特阿美项目质量控制文件包括 SATIP、SAIC 和 SATR。SATIP 相当于国内的 ITP(Inspection and Test plan,检验试验计划),沙特阿美将所有建设项目按照分部分项进行工程整理并发布标准的 SATIP,用于指导工程施工及验收。承包商无须自己设计 SATIP 表格和内容,只需根据工作内容找到相应的表格并采用即可。每个 SATIP 表格都有唯一的识别编号,便于查找和引用。表格每四年更新一次,确保其适用、有效。每项检验的具体内容和检验级别在 SATIP 表格中有清晰的说明。检验级别共 9 级,每一级有相应的代号:

W1——100%报检;

W2——随机报检;

H1——100%停检;

H2——随机停检;

R1——100%文件审查;

R2——随机文件审查;

RH1——100%文件审批审查;

RH2——随机文件审批审查;

S——巡查。

只有 SATIP 还不足以指导具体的质量控制活动,SAIC 和 SATR 是 SATIP 内容的细分和具体说明。根据施工内容找到相应的 SAIC 或 SATR 表格后,质量控制人员不需要翻阅规范标准,因为具体的检验方法、验收依据和标准已逐条列入表格中。SAIC 和 SATR 表格每四年更新一次,在每个表格的顶部都印有批准发布的日期,提醒发布者和使用者到期更新。

10.3 沙特阿美 EPC 项目合同 Schedule Q 导读

在所有的沙特阿美项目合同中，Schedule Q 质量要求为单独一章，对所有质量要求做了详细说明。该部分在沙特阿美项目合同中基本不变，为质量要求的概述和最低要求。Schedule Q 共有七个部分，五个附件。本节及下一节将对其中的重要条款进行说明。

10.3.1 概述

如果项目质量计划未得到沙特阿美的书面批准，不得进行主体工程施工，沙特阿美应在承包商提交质量计划及人员资格认证 30 天内进行回复。

根据沙特阿美批准的验收及试验检测计划（Inspection and Test Plan，简称 ITP），任何需要被沙特阿美见证确认的验收工序或试验检测项目必须通知沙特阿美见证，确保满足设计图纸、技术规格书及其相关适用标准要求；如未经沙特阿美同意进行了下一道工序，分包商承担所有需要重新进行检测或者验收的费用。

沙特阿美有权随时对承包商施工质量进行检查，确保满足要求，承包商须无条件接受。

如沙特阿美通过验收或第三方试验检测发现了承包商提供的材料或施工质量的缺陷，承包商必须承担相关检测及修正缺陷所需的费用。

如果承包商质量管理不能满足合同要求，沙特阿美可以在对承包商发出通知两个星期后，提供充足的验收与试验服务，确保其施工按照本合同的质量管理要求实施，承包商应承担验收及试验的费用。

10.3.2 质量管理体系要求

承包商要根据最新版 ISO 9001（质量管理体系）的要求和本合同要求来编写与执行质量管理体系，如 ISO 9001 的要求与本合同要求有冲突，以合同要求为准。

10.3.3 文件要求

承包商要根据编制的质量计划、ITP 及文件程序来计划、组织、控制和实施所有的施工。质量计划必须确保承包商质量人员和程序满足要求，并且对分包商的质量人员和程序有效，同时所有施工及采购工作必须严格按照本合同要求执行。

合同生效后的 21 天内，承包商需根据 ISO 10005(质量计划指南)和 Schedule Q 的要求并结合项目情况编制质量计划，施工前编制适用的工作程序和 ITP。ITP 的最低要求见合同附件Ⅳ，承包商可采用沙特阿美已批复的典型检验试验计划(SATIP)及其相关检查表(SAIC)作为本项目 ITP 及管理程序，按照 SATIP 及 SAIC 中的要求进行施工及验收试验工作。

承包商要根据 Schedule Q 中的附件Ⅲ的要求提交供应商验收检测计划(Vendors' ITP)。如供应商 ITP 未被业主批复，承包商不能启动任何与该 ITP 有关的工作。

若承包商在质量计划中采用 SATIP 和 SAIC，则该计划中应包括与 Schedule B 工作范围一致的 SATIP 清单。若存在 SATIP 不涵盖的项，承包商应在该项开工 30 天之前提交相应的 ITP 及检测清单。

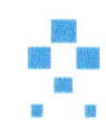

如现场存在较大变更，承包商须根据变更情况重新提交质量计划、ITP 或 SATIP 给沙特阿美审批，沙特阿美须在 7 天内回复。

承包商的质量手册、质量计划及所有的参考文件必须在承包商的设计、采购、加工、安装和施工等区域供业主使用，参考文件包括图纸、技术规格书、加工材料和设备的检查程序。

10.3.4 管理团队责任

承包商的高层管理人员要按照 ISO 9001 每 6 个月审查项目的质量体系来确保体系适用、完善、有效，高层管理人员审核计划需要包含在沙特阿美批复的内审计划中。

在既定的内审计划后的两周内，承包商应将内审结果及整改计划以书面形式通知给业主。由承包商高层管理的审核而引起质量管理体系变化，须经业主批准后编入质量计划。

10.3.5 资源管理(图 10-4)

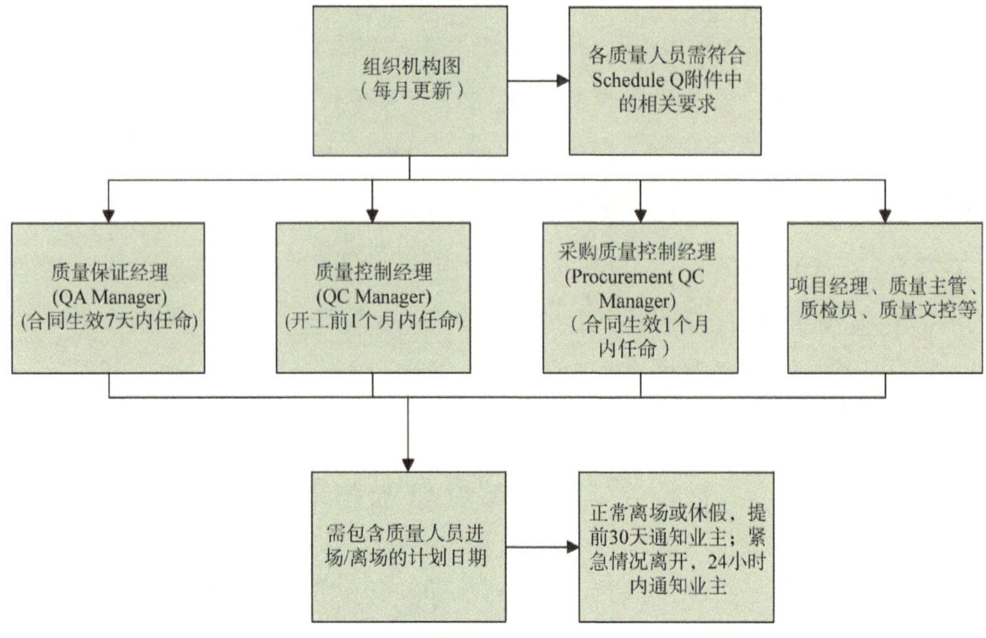

图 10-4 资源管理

合同生效后 7 天内，承包商须为本项目设定一名沙特阿美批准的 QA 经理；项目开工前一个月内，承包商须为本项目设定一名沙特阿美批准的 QC 经理；合同生效一个月内，承包商须为本项目设定一名沙特阿美批准的采购质量控制经理。QA 经理、QC 经理、采购质量控制经理需在岗至项目结束。

各质量管理人员需要满足 Schedule Q 附件 Ⅰ 的最低要求，业主有权检查其能否胜任该工作，且有权拒绝不满足条件的人员工作。

承包商应按照 Schedule Q 要求设置专职质量管理人员，不得兼职其他工作。

承包商质量人员有权发现和提出质量问题，签发 NCR（Non-Conformance Report，不符合项报告）。承包商 QC 管理者应针对各施工阶段情况向 QA 经理和 QC 经理汇报。

承包商在其质量计划中应以组织机构图作为附件，组织机构图包含项目所有已批准的质量人员，反映从质检员、质量主管及质量经理至项目经理的组织关系，内部与外部的联络线，承包商与沙特阿美、分包商与供应商的接口人员，计划调入和遣返质量人员的日期。

由于假期、疾病等造成质量人员的变化，承包商必须在变化前至少 30 天内书面通知沙特阿美代表；紧急情况离开，应在 24 小时内通知沙特阿美代表。

承包商质量人员应该开展持续的培训，介绍相对应的责任范围内的质量要求，使其他部门和分包商人员熟悉。

10.3.6 项目执行

承包商设计阶段应满足批复的质量计划和 Schedule Q 的设计要求。承包商应该组织设计评审，设计评审前两周，承包商要通知业主代表。这些评审必须在 Schedule B 规定的业主既定的设计评审计划之前完成。承包商应根据质量计划对内部评审记录，包括所有意见的征集、记录和决定。

10.3.7 测量、分析及提高

承包商应该有一个检查、监测、分析和程序改善的计划，对在项目中如何推进 PDCA(Plan-Do-Check-Act)循环有清楚的认识，其中包含以下内容。

顾客满意：承包商应该根据业主的月度评价、NCR 和检查记录等来确定顾客的满意度。

内部审定：承包商应根据 ISO 9001、合同和质量计划中制定的职责进行内部审核，合同生效后 21 天内，承包商须提交一份内审计划和评审表给业主审批；项目内审 6 个月一次；在项目设计、采购和施工阶段的 15% 和 60% 进行沙特阿美认可的第三方审查，须提前 14 天邀请沙特阿美参加内审。审查完成后两个 14 天内，承包商须把审查报告提交给沙特阿美；沙特阿美有权指派业主代表来计划和执行对承包商的质量情况评价，该计划应提前一个月与承包商交流。

过程的监测与测量：承包商应持续监控和测量关键控制工序，质量计划应包括合理可行的评估方式来确定施工范围的工序能否达到计划要求。

不符合项(NCR)的控制：承包商在质量计划中必须包括对设计文件、材料、构件及施工的不符合项的控制程序，并对所有沙特阿美 NCR、不符合记录 LBE(Logbook Entries，质量日志)和内部 NCR 的整改关闭情况建立不符合项台账。台账作为每周质量例会的会议纪要附件，沙特阿美 NCR、LBE 发出后，承包商应立即采取措施进行整改。承包商质量人员如发现不符合项，发出内部 NCR 的 48 小时内需将 NCR 记录提交给业主，并进行整改，不符合项关闭需要通知沙特阿美验收。沙特阿美 NCR、LBE 降低项目质量评价指数 PQI，内部 NCR 提升 PQI 得分。

数据分析：承包商必须按照沙特阿美的格式每月提交一份月度质量管理报告，体现质量体系的有效运转。

改进：承包商预防纠正措施程序，必须说明评估防止不符合项发生的措施和类似项目的预防经验。

沙特吉赞经济城商业港项目——首艘商业货轮到港

10.4 沙特阿美 EPC 项目合同 Schedule Q 附件导读

10.4.1 质量管理人员资质要求

在该附件部分，上至质量控制、质量保证经理，下到每个工序的检测员，沙特阿美都有明确的资质规范（例如学历、从业经验等）。下面以关键岗位为例，其高标准可见一斑。项目执行时需认真参照合同，保证在岗人员达标。

质保经理（QA 经理）：大学学历，受过 ISO 9001 国际标准或相关标准的培训，具有相关专业水平，能够判断不符合标准的问题，至少 10 年的质量保证体系经验，5 年类似工程施工项目管理经验。

采购质量控制经理：大学学历、7 年质量管理经验或高中学历、10 年质量管理经验；3 年类似工程采购质量管理经验。

质量控制经理：大学学历，7 年质量管理经验，5 年类似工程施工项目管理经验。

质量控制主管：大学学历，7 年质量管理经验，3 年类似工程施工项目管理经验。

质检员：高中学历，能够阅读、书写和说英语。熟悉行业标准和规范，胜任不同工程质检员质量管理职责。高级质检员需有 8 年从业经验，5 年质检经验，3 年类似项目经验；质检员需有 5 年从业经验，3 年质量管理经验，2 年类似工程施工项目管理经验。个别项目可安排助理质检员，但必须是沙特阿拉伯人，具体合同具体分析。

10.4.2 沙特阿美标准及程序要求

该部分列举了沙特阿美的各类质量管理体系，承包商可在其中查找相关规范及表格。

10.4.3 材料质量要求

本小节内容较多，涉及各种上报文件的具体内容及格式。在项目执行过程中需要质量部门认真研读，制定对应的内部流程，以保证文件及现场工作合规。本项目

管理实务从项目管理者角度出发，具体内容不做过多解读。

质量计划：应包括采购流程及该项目的材料数量及验收级别，质量计划未批复，不得采购。

10.4.4 施工质量要求

在施工和试运行期间，承包商应每周按照沙特阿美格式要求提交一份两周验收计划。每日验收计划提前 24 小时提交，周末及节假日须提前 48 小时提交。重点施工作业需要提交施工作业程序及人员资质批复，例如焊接、无损测试、涂层等工作。施工过程所有试验按照 ITP 要求进行见证，实验报告必须提交沙特阿美。

10.4.5 质量系统提交物汇总

项目合同生效后，需要准备并提交列表中 19 个文件，并按照列表中规定的日期提交。项目确定后可以根据项目情况与业主沟通确认文件的可适用性及文件提交要求与日期。部分文件可以参考中国港湾质保程序（Quality Assurance Procedures），对于本合同中一些不一致的内容与要求进行相应修改完善，质量计划、组织机构图、ITP 等根据本合同要求及项目实际进行编写。ITP 可参考沙特阿美 SATIP 样本进行编写。

10.4.6 项目规定质量要求

本节合同对各个分项工程所需配备的质量人员数量做了详细的要求，承包商应对照此要求，结合现场工作，配备相应数量的质检人员。

10.5 中方质量管理重点

10.5.1 提高工作计划性和计划准确性

国内承包商往往重视计划的制订而忽略计划的执行，做计划的目的不是指导运行，而是应对汇报、检查和审批。计划与实际脱节，计划不如变化快，最终导致计划流于形式。因此计划在制订之初就应确保严谨，充分考虑各种不确定性，制订后“能不变则不变”，无论是落后还是超前计划都是不好的，都会打乱部署，造成混乱。

例如，沙特阿美要求每项检验活动须提前 24 小时通过 QMIS 系统提交 RFI 报检申请，不接受临时的报检通知，承包商如果缺乏完善可靠的计划和进度预测，往往会为此造成大量的工作停待。

10.5.2 严格遵守报检程序，提高报检一次成功率

沙特阿美管理严格规范，严格按照程序。除了做好计划并严格执行计划外，提高报检一次成功率非常重要，如果检验第一次没有通过，需要按照原来的程序重新报检，没有特殊通道。返修的时间可能很短，流程消耗的时间可能很长，后续的施工工序也无法开展。承包商损失的不仅是时间，还有高昂的停待成本。

管理流程不允许跳跃，也不允许顺序颠倒，如果一道焊口忘记组对报检，即使 X 光探伤合格，也必须割开重焊，重新报检，这就是不折不扣的沙特阿美程序。

10.5.3 维护自身质量信誉

在沙特阿美的检验试验计划中，也有很多抽检项目由 PID 工程师根据承包商的表现决定抽检频率，表现好会降低抽检频率，表现不好会提高抽检频率。沙特阿美管理人员公私分明，不会在质量标准上有任何放松，挑战底线的结果是浪费承包商自己的财力和时间。

在沙特阿美管理人员心目中犯错可以原谅，欺骗是不能容忍的，不要试图欺骗、隐瞒或掩饰，事后再找借口开脱，一旦被揭穿，以后的工作会永远被动。另外重复错

误发生的次数也会计入PQI评价体系，直接影响PQI分数。

10.5.4 加强文件控制管理

文件资料是工程项目交付成果中重要的一部分，是项目运行过程的完整记录，是评价、考核以及支付的凭据。沙特阿美对文件控制管理的要求很高，国内承包商往往需要雇佣外籍文控人员才能满足要求，因而在文件控制管理方面应进一步加强。在雇佣外籍文控人员的同时，应安排中国员工监督和学习，一方面检查其工作是否正确，另一方面学习外籍员工应对沙特阿美的方式方法，做到心中有数。

10.5.5 与沙特阿美管理部门保持融洽的关系

国内承包商面对纷繁复杂的沙特阿美程序文件可能会无从下手，顾此失彼。积极而真诚地寻求沙特阿美管理团队的支持和帮助是非常有效的办法。毕竟我国的承包商成熟起来需要过程，与其保持融洽的关系和良好的气氛，尽量融入而非冲突碰撞才能实现共赢。

第 11 章 文件控制管理

11.1 总述

在沙特阿美合同中，文控专员简称 DCC(Document Control Clerks)，作用是使所有与项目相关的文件资料能够方便有效地获取、存储、存档、处理和交流，相关方为总承包单位、分包单位、业主、咨询工程师、上级单位、社会其他单位等所有与项目发生接触的单位和个人，是中国港湾作为项目总经理部进行严格把控的一环。

根据沙特阿美合同 Schedule B 第 5.3.7 条款，通常情况下，承包商需要在合同生效 45 天之内，在项目执行计划中，上报文件控制流程，写明承包商对文件保护及控制的方法、流程、编码规则。业主会结合沙特阿美的文件管理体系，对承包商的文件管理体系提修改意见，直至双方达成一致。项目执行过程中，因为文件上报流程需要尽早确定，所以通常文件管控系统是在合同签署后立即上报，以免影响后续工作。在之后上报项目执行计划的时候，再将业主批复同意的版本加入即可。因此只要承包商自身文件管控体系足够系统、足够科学，而且能够与沙特阿美文件管控系统较好地对接，承包商基本可以沿用自己的文件管控体系。因沙特阿美项目要求由 QA 经理负责所有的流程性文件，文件管控体系的流程也需要通过 QA 经理审批。

11.2 体系建立

项目成立初期，即需要立即建立文控体系，以确保文件管理的连续性。一般情况下，由中国港湾项目总经理部负责组建文控体系，安排一名文控主管、一到两名专职人员负责文控具体工作的实施，同时各部门均安排一名专人负责文件工作，与文控中心对接。随着项目开展，逐步与各单位文控体系进行对接，以保证文件正常传递。

整个体系的核心是项目总经理部文控中心，具体的工作有：文件的编制、接收、存档、流转、查询等。

根据沙特阿美要求，承包商需要在合同签署后，上报承包商的文控专员及文控公共邮箱，经业主审核、面试通过后，以此作为与业主正式往来文件的官方接口。同时项目进行过程中，业主有权在任何时间提出要求，替换不合格的文控专员。

项目各参与方包括：政府主管部门和项目法人的上级部门、金融机构(此部分通常由区域管理中心代为对接)、业主、咨询工程师、设计、施工、供货方等，这些参与方均需以项目总经理部的文控中心为中枢，进行文件管理。

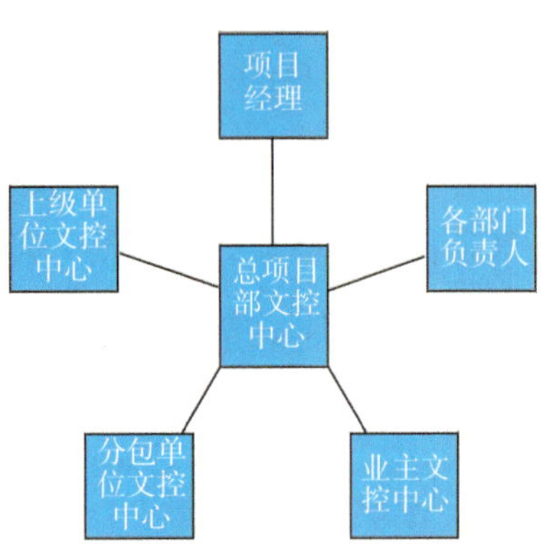

图 11-1　DCC 系统

DCC 系统(图 11-1)建立之后，需要尽快上报相关文件。结合项目经验，项目启动阶段通常是与业主间建立 DCC 系统的时机，需要优先上报的文件顺序可参考下面的流程图(图 11-2)。

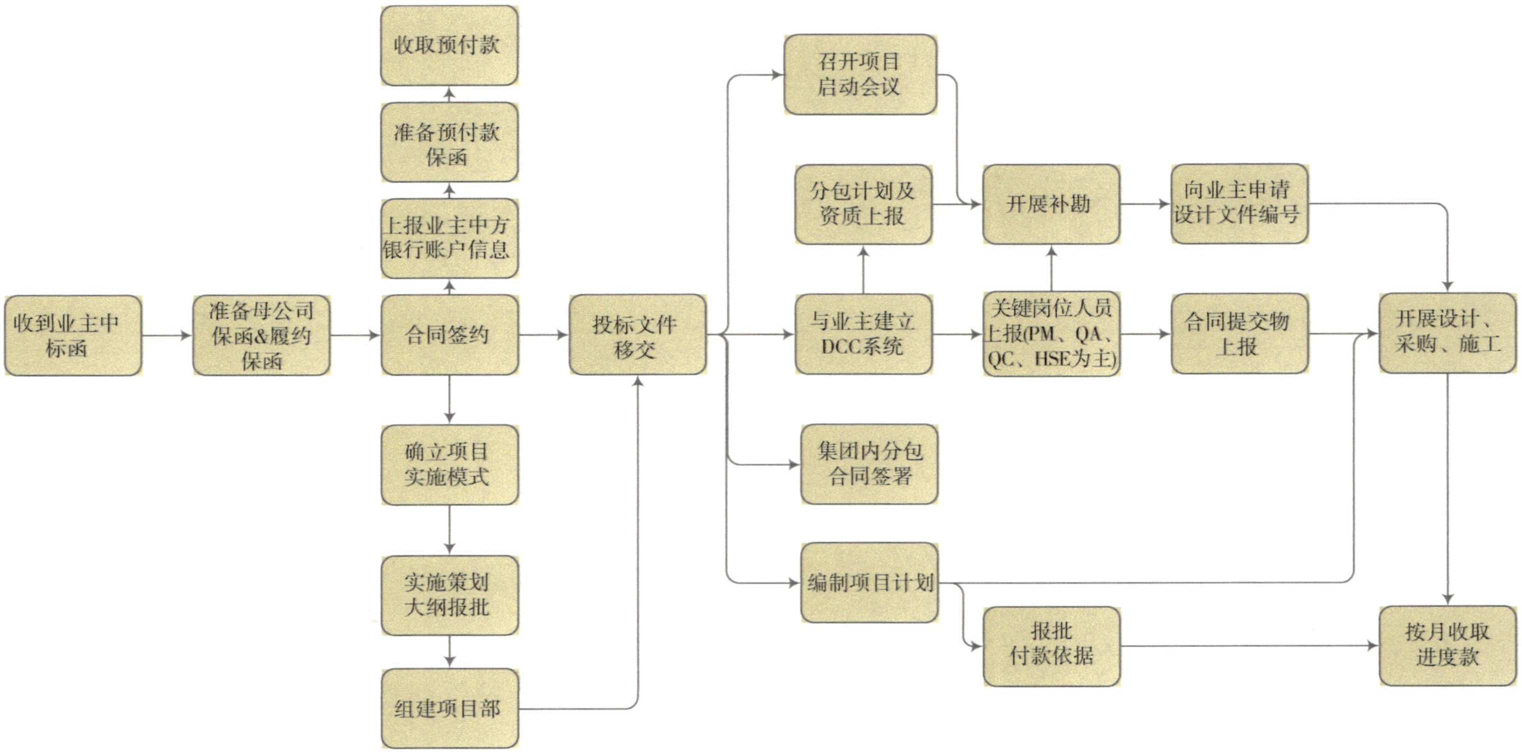

收到业主中标函
准备母公司保函&履约保函
合同签约
上报业主中方银行账户信息
准备预付款保函
收取预付款
确立项目实施模式
实施策划大纲报批
组建项目部
投标文件移交
召开项目启动会议
分包计划及资质上报
与业主建立DCC系统
集团内分包合同签署
编制项目计划
开展补勘
关键岗位人员上报(PM、QA、QC、HSE为主)
报批付款依据
向业主申请设计文件编号
合同提交物上报
开展设计、采购、施工
按月收取进度款

图 11-2　项目启动阶段 DCC 系统建立及文件上报流程

11.3 文件审批部门及施工前文件报批流程

根据沙特阿美要求，现场施工前需要上报相关的文件，只有当所有合同要求的文件得到业主批准之后，现场才能开始施工，而且由于沙特阿美内部管理系统复杂，不同类型的文件通常需要由不同的部门审批。

主要文件审批部门包括：

(1) CSD：Consulting Services Department

专门负责审核设计文件、施工技术文件及与地勘相关的所有文件。

(2) PID：Project Inspection Department

专门负责质量相关的审核。

(3) PMT：Project Management Team

业主现场管理团队，有时沙特阿美也会请 AECOM 等咨询公司工程师参与项目管理。

(4) VID：Vender Inspection Department

专门负责审核采购相关的文件。

现将施工前的主要常用文件报批流程总结如图 11-3 所示，这些文件通常是现场任何施工工作均需要上报的文件。

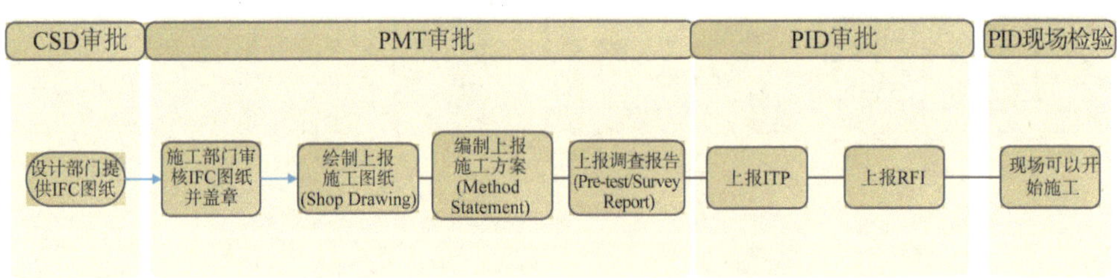

图 11-3　施工前主要文件报批流程及相应审批部门

11.4 文件类型

项目的文件通常包括以下四类:组织类、管理类、经济类、技术类,结合项目实际情况,具体文件分类如表 11-1 所示。不同的文件,需要在分类存储时对应不同的处理方式。

表 11-1 文件分类表

业主	分包单位	上级单位	项目内部	接口承包商
信	信函	信函	通知	信函
技术文件	技术文件	报表	会议纪要	会议纪要
会议纪要	会议纪要	通知	内部文件处理单	
商务文件	商务文件	报告	管理文件	
管理文件	管理文件	管理文件		
组织文件	通知	组织文件		

对于上报业主文件的分类,与编码系统相对应,进行了较为细化的分类。

沙特阿美合同 Schedule B 中要求,所有信件、报告等文件均应采用最新的专业版的微软办公软件,但实际操作过程中,由于沙特阿美内部系统的问题,只能识别 PDF、WORD、EXCEL 等常用文件,其他文件通常以 PDF 格式上报。但由于沙特阿美有随时向中方索取原文件的权力,而且沙特阿美进行内审时,也通常向中方索取相关文件的可编辑版,故中方 DCC 存档时,需要将可编辑版同时保存。

11.5 与业主的通信管理

根据沙特阿美合同 Schedule B 第 5 款的要求，承包商与业主之间的日常正式通信，需要采用书面信函的形式，且必须为原件。

具体要求有：

(1) 所有信件必须有独一无二的编号，且保持连续，此编号可由承包商根据自己的文控系统自行编制，但需要在项目初期 45 天之内上报业主审批；

(2) 承包商需要制作信件登记簿，注明信件编号、日期、发信人、主题等信息，业主有权随时查看和获取；

(3) 所有书面信件需要由业主代表或承包商代表签署，收件方为对方代表，任何未按要求签署的信函均不被认为是正式信函。

沙特吉赞经济城商业港项目——西码头

11.6 会议管理

承包商与业主之间，除正式信函及日常非正式交流外，还有一项重要的交流途径——会议，包括例会和临时重大会议。

(1) 根据沙特阿美合同 Schedule B 的规定，需要每周召开进度计划例会，会上业主与承包商共同讨论项目进展情况、面临的问题、未来计划等。该会议是项目过程当中最重要的例会，会后需要形成会议纪要，双方进行签署。

(2) 采购周例会：合同生效 40 天内，需要由承包商采购经理开会主持采购周例会，与业主一同商讨采购的相关事宜。

(3) 临时重大会议：遇到一些双方需要商谈的重大事情时，任何时间均可于会议前一个工作日提出召开临时会议。

(4) 管理评估会：根据沙特阿美合同，业主会定期要求承包商组织管理评估会。承包商需要在会议上作讲演，包括承包商当前的管理执行情况、材料采购、施工的状态等，然后由业主进行评估。该会议通常在业主会议室召开，由业主项目经理指定高层管理人员参加。

(5) 会议纪要：所有会议承包商均应在 1 个工作日之内准备好会议纪要，报业主审批，然后由业主和承包商代表或者指派人共同签署，然后进行分发。但需要注意的是，合同中召开，签署的会议纪要并不说明已同意变更，只可以作为书面凭证。

(6) 承包商有责任保存所有的会议纪要，业主有权任何时间查看。会议纪要的模板需要报业主审批，通常需要包括“执行(Action)”一项，注明此项由哪方具体负责跟踪处理。

11.7 承包商发文管理

通过项目总经理部文控中心发文的具体流程如下：

（1）分包单位或者项目内部编辑并提交需要上报的文件，电子版通过邮箱发送，纸制版送到DCC专员处；

（2）项目总经理部DCC专员根据“对外发文记录表”的最新文件编号给文档编号，同时制作给业主的传送单；

（3）对需要上报的文件，找相应的授权领导签字；

（4）将需要上报的电子版文件，通过DCC专用邮箱发送到业主DCC邮箱；

（5）电子文档发送完毕后，提交两份纸质版文件（原件）至沙特阿美文控人员处，在沙特阿美文控人员盖章签署后带回其中一份作为中方记录；

（6）在“对外发文记录表”中记录提交给沙特阿美的文档，更新记录表；

（7）扫描盖章后的传输表并将之保存到发文收件复函文件夹中，原始的传输单应当归档至文件盒；

（8）将电子版文件和纸制版文件分别按照分类进行存储。

沙特吉赞疏浚吹填项目——人工岛全景

11.8　承包商收文管理

项目总经理部文控中心收文管理流程具体如下：

(1) 发文单位将电子版文件发送到项目总经理部DCC专用邮箱，对于业主和分包商发送的文件，要求纸制版文件也同时送至项目总经理部文控中心；

(2) 项目总经理部DCC专员在传送单签字、盖章后进行接收；

(3) 将电子版文件和纸制版文件分类存储；

(4) 更新“来文记录表”；

(5) 打印一份来文的复印件，依据最新的内部传送单编号制作文件处理单，并将之给予相关责任人进行处理；

(6) 依据相关责任人在文件处理单上所写意见进行相应处理，并将处理结果记录在处理单上，然后存档。

沙特吉赞经济城商业港项目——西码头港机设备

11.9 邮箱管理

多数国家的法律承认企业邮箱的效力，即通过企业邮箱发出的邮件，可以成为要约。为此，项目部需要加强对企业邮箱的管理。

根据沙特阿美合同 Schedule B 第 5.2 条款，邮件仅仅可以作为初步技术文件交流使用，不可作为合约用途。邮件及其附件不算正式的交流途径，任何合同中要求上报的文件，必须以书面的形式按流程上报。需要引起注意的是，业主通过邮件发送的指令不构成作为变更的依据，因此任何变更需要均要求业主通过文控正式传送。

项目日常管理过程中，通常有以下注意事项。

1. 接收邮件管理规定

各邮箱负责人员在查收邮件之后，依据邮件内容及时处理，具体如下：

(1) 上级或者其他单位重要来文，需要进行处理的，转发相关领导，请领导批示处理意见，然后处理；

(2) 上级下发通知或者其他传阅类邮件，直接转发项目部所有人员进行传阅；

(3) 负责人需对所有接收邮件进行相应处理，不得存在不处理的情况；

(4) 对于接收的邮件已经抄送了相关人员的，邮箱负责人仍需按要求进行转发处理；

(5) 对于多个邮箱同时收到相同邮件的情况，指定一个主要邮箱，由其负责人进行处理；

(6) 非邮箱负责人只得阅读，不得删除、编辑、发送邮件。

2. 发送邮件管理规定

对于通过公共邮箱发送邮件，规定如下：

(1) 发送邮件时，邮件底部加签名；

(2) 除非特殊情况，所有邮件必须由邮箱负责人对外发送。

邮箱授权：项目成立初期，通过公司总部开通项目部企业邮箱，建议开通两个。一个为 DCC 专用邮箱，专门用于与业主间通过 DCC 传送的文件的收发。一个为对外公开的项目邮箱，对内用于与上级沟通、通知发送、对外公开联络方式等。邮箱开

通后，需要通过正式信函发给业主，告知中方正式 DCC 邮箱，所有来往文件仅以此邮箱为准，以此来规避他人冒用邮箱的风险。

专人管理：一般情况由 DCC 专员负责 DCC 专用邮箱的管理，其他人不得使用；由文控主管负责项目邮箱的管理，项目成员可根据情况获得权限查看此邮箱，做到邮箱专用，专人负责。

安全管理：企业邮箱的特性导致经常会出现有人冒用企业邮箱的行为，或者有不法分子发送病毒邮件，因此项目部需要对邮箱的安全管理提高警惕，遇到可疑邮件不得打开，及时向专业人员寻求支持。

邮件大小：由于沙特阿美邮件系统的问题，邮件附件最大只可接受 8M 以下的文件，且不接收压缩包文件，大于 8M 的只能将文件拆分后再发送。需要注意的是，发送大于 8M 的邮件给沙特阿美邮箱时，或者因其他问题被沙特阿美邮箱系统拒收的邮件，收件方和发件方均不会收到发送失败的通知，因此重要邮件必须与业主进行确认。

沙特吉赞项目群——生活营区航拍全景

11.10 印章管理

表 11-2 项目部常用印章表

类型	用途	授权级别	管理人员
项目中文章	中文信函、中文合同、重要文件	项目上级单位	DCC 主管
项目英文章	英文信函、英文合同、重要文件	项目上级单位	商务部
DCC 收发章	DCC 收发文件专用	项目部	DCC 专员
质量控制章（Quanlity Control）	QA/QC 部审批文件专用	QA/QC 部	QA/QC 部
IFC 章	仅用于业主批准的 IFC 图纸	设计部	设计部

如表 11-2 所示，对于项目部需要盖章的文件，由拟稿人提交项目领导审核定稿并在“用印申请单”上签字，然后由拟稿人交由印章管理人，方可盖章发出，同时由印章管理人对所盖章文件进行存档。

11.11 文件存储及业主审计权

由于项目文件的重要性、保密性、复杂性，需加强文件的存档管理。

文件统一编码：根据沙特阿美规范要求，承包商需在项目启动后，上报 DCC 管理流程，包括文件编码系统。所有文件必须对应各自单独的编码，其中比较特殊的是设计图纸的编码、采购 PO 的编码需要在项目开始后进行，申请由业主提供。

定期备份：通常情况，要求文控中心将项目所有文件每周进行一次备份，单独存储。

权限管理：未经授权人员不得进入文控室；非项目部人员查阅文件时，需经相关领导审批。

沙特阿美合同 Schedule C 第 8 条规定，承包商需要保存所有的书籍、报告、信函、图纸、计划、发票等书面材料。业主或者由业主指定的审计公司有权在任何时间对文件进行审计、验证成本或者进行其他操作，且有权复制任何书面材料。承包商应该在合同结束两年内保管好这些文件，以随时备查。如果这些文件牵扯到索赔、仲裁或者其他法律事宜，承包商应该保管好这些文件，直到争端得以解决。